WALTER BARELLI

O Futuro do Emprego

WALTER BARELLI

O Futuro do Emprego

Com a colaboração de
Miguel de Almeida
Sergio Mendonça
Pedro Paulo M. Branco

SÃO PAULO 2002

O Futuro do Emprego

De Walter Barelli
Com Miguel de Almeida, Sergio Mendonça, Pedro Paulo M. Branco

Organização: Miguel de Almeida

Projeto gráfico: Werner Schulz

Editoração: Eduardo Burato

Foto da capa: Patricia Yamamoto

Revisão: Cristina Yamazaki e Lívio Lima de Oliveira

Catalogação na Fonte do Departamento Nacional do Livro
(Fundação Biblioteca Nacional)

B248f Barelli, Walter
O futuro do emprego/Walter Barelli; Miguel de Almeida,
 Sergio Mendonça, Pedro Paulo M. Branco [Colab.]. São
 Paulo: Lazuli, 2002.
 120p.; 23cm

ISBN: 85-89052-01-X

1. Empregos. 2.Mercado de trabalho. 3.Política de mão-de-obra – Brasil. 4. Qualificação profissional. 5. Globalização.
I.Almeida, Miguel de. II. Mendonça, Sergio. III. Branco,
Pedro Paulo M. IV. Título.

CDD: 650.14

Pedidos:
Lazuli Editora
F (55 11) 38 19 60 77
comercial@cialazuli.com.br

ÍNDICE

PREFÁCIO	7
INTRODUÇÃO	11
PARTE I	17
Capítulo I *O Emprego no Mundo Moderno*	19
Capítulo II Empregabilidade e Exclusão	24
Capítulo III *Empreendedorismo como Arma Social*	29
Capítulo IV *Condições para o Empreendedorismo*	36
Capítulo V *Recapacitação, outra Arma*	39
Capítulo VI *Banco do Povo ou 1% de Juros Mensais*	43
Capítulo VII *Os Juros de 1%*	47
Capítulo VIII *Política Pública Social Democrata*	54
Capítulo IX *Frentes de Trabalho, uma Reflexão*	61
Capítulo X *Planejando o Emprego*	67
Capítulo XI *Em 2010, uma Nova Revolução*	72
Capítulo XII *Formando os Capacitadores*	74
Capítulo XIII *Qualificação no Berço*	77
Capítulo XIV *Alca e Globalização*	82
Capítulo XV *"Milagre Brasileiro"*	86
Capítulo XVI *Leis de Flexibilização*	88
PARTE II	93
Um Banco de Verdade para o Povo	95
Sobre um Sistema Público de Emprego	99
Qualificação Profissional Plantando o Futuro	102
Habilidade versus Diploma	101
Reforma Tributária e Previdência	105
O Sonho e as Estatísticas	108
O Espaço Feminino	111
Ética nos Negócios: uma Questão de Sobrevivência	114

PREFÁCIO

POR JOSÉ SERRA
Senador pelo PSDB de São Paulo

A modéstia do professor Walter Barelli o impede de alardear sua experiência prática e seu conhecimento teórico sobre o desenvolvimento do mercado de trabalho e as políticas de geração de renda no Brasil. No entanto, apesar da simplicidade que o caracteriza, ele é um dos mais qualificados especialistas brasileiros em economia do trabalho.

Com uma particularidade: Barelli não aprendeu somente nos livros, ou nas estatísticas que têm ajudado a coligir e interpretar. Há várias décadas, lida pessoalmente com as aflições e as esperanças de trabalhadores empregados e desempregados. Tem sido um aluno assíduo na escola da vida prática.

Recém-formado em Economia pela Universidade de São Paulo, Barelli ingressou em 1965 nos quadros técnicos do Departamento Intersindical de Estatística e Estudos Sócioeconômicos, o conhecido Dieese. Dois anos depois, foi escolhido diretor técnico da entidade, cargo em que foi mantido até 1990.

O Dieese se consolidou e se expandiu, portanto, sob a liderança de Barelli. Não é preciso muito esforço para imaginar as reservas de perseverança e habilidade necessárias para atravessar os anos inóspitos do regime ditatorial, ou para enfrentar as dificuldades políticas e financeiras que se seguiram ao restabelecimento da democracia, com o acirramento das tensões entre as várias correntes sindicais. Iniciativas corajosas como o convênio entre o Dieese e o Seade (Fundação Sistema Estadual de Análise de Dados) em São Paulo, durante o governo Montoro que eu tive a satisfação de apoiar foram decisivas para preservar os excelentes programas de pesquisa da entidade.

Não houve surpresa, portanto, quando Barelli assumiu o Ministério do Trabalho entre 1992 e 1994, durante a presidência de Itamar Franco. Ou quando aceitou o convite do governador Covas, em 1995, para reformular a orientação e a estrutura da antiga Secretaria do Trabalho do Estado de São Paulo, adequando-a às novas condições econômicas e institucionais e transformando-a na atual Secretaria do Emprego e das Relações de Trabalho.

No Ministério do Trabalho, Barelli viabilizou a liberação das contas inativas do Fundo de Garantia por Tempo de Serviço (FGTS) e priorizou a utilização dos recursos do Fundo de Amparo ao Trabalhador (FAT) na execução de cursos de capacitação profissional, entre outras iniciativas. À frente da nova secretaria paulista, em que foi mantido pelo governador Alckmin até a desincompatibilização, Barelli implementou programas inovadores e de grande alcance social, como o Programa Jovem Cidadão, para os jovens que buscam seu primeiro emprego; o Programa das Frentes de Trabalho, inicialmente emergencial e depois permanente, que tem aberto frentes na região metropolitana para a realização de obras e serviços públicos por trabalhadores desempregados, com a oferta de auxílio financeiro e oportunidades de capacitação profissional; o Programa de Auto-Emprego e o Banco do Povo, para apoio técnico e creditício à formação de cooperativas de trabalhadores ou à criação de pequenos empreendimentos.

Muito importante também foi a insistência de Barelli na implantação das Comissões Tripartites de Emprego - com representantes dos governos estadual e municipais, das entidades patronais e dos sindicatos trabalhistas -, para a administração dos recursos do FAT com vistas à construção gradativa de um sistema de apoio ao emprego, que não se limite a pagar o seguro ao desempregado, mas também ofereça cursos de requalificação profissional e garanta assistência na procura de uma nova colocação, por meio dos Postos de Atendimento ao Trabalhador (PAT).

Apesar das responsabilidades administrativas, Barelli nunca deixou de refletir e escrever sobre as transformações das relações de trabalho, como atestam as idéias e propostas recolhidas neste livro. Mas a grande virtude que o distingue de outros especialistas é que ele não se contenta em repetir as denúncias dramáticas e fáceis sobre as taxas atuais de desemprego, nem se limita a desenhar o futuro apocalíptico do mercado de trabalho. Barelli procura soluções e os meios de concretizá-las. Nesse esforço, tem dado provas de uma capacidade que anda escassa no Brasil: a de saber tirar as boas idéias do papel para transformá-las em realizações práticas.

A desocupação forçada tende a converter-se no maior desafio social da humanidade no século que se inicia. O Brasil não pode dispensar o conhecimento técnico e a experiência prática de Barelli para ajudá-lo a escapar desse pesadelo - o pior que pode tirar o sono de um trabalhador.

Introdução

POR WALTER BARELLI

É antiga a idéia de escrever um livro sobre a perspectiva do emprego no Brasil. Desde os tempos do Dieese vejo a necessidade de elaborar uma reflexão mais consistente sobre o assunto, a partir de minha experiência em cargos no Executivo. Ao longo desses anos, seja na área federal, como ministro do Trabalho do governo Itamar Franco, seja na esfera estadual, como secretário de Emprego e Relações do Trabalho do governo de São Paulo, nas administrações de Mário Covas e Geraldo Alckmin, compreendi a importância do desenvolvimento de políticas públicas antenadas com as reais necessidades da população. Políticas criativas, construídas com poucos recursos; políticas eficientes, geradas sob as demandas da sociedade; políticas preventivas, antecipatórias à explosão dos problemas sociais.

Só agora o livro chega a termo, após várias tentativas deixadas de lado, mais pela total ausência de tempo do que de vontade de contribuir com minha experiência na divulgação de idéias testadas em programas sociais de amplo retorno.

No início de abril de 2002, seguindo uma sugestão de meu editor Miguel de Almeida, reunimo-nos na sede da Lazuli Editora, na Vila Madalena, em São Paulo. Eu, Miguel, Sergio

Mendonça, diretor do Dieese, e Pedro Paulo Martoni Branco, ex-diretor executivo do Seade, sentamos em torno de um gravador para registrar uma longa entrevista, editada na primeira parte deste livro. Na segunda, junto alguns artigos que produzia o longo desse processo de construção de políticas públicas

Tínhamos como obrigação realizar um inventário de minha trajetória de estudioso e executivo público nas questões de emprego e renda, além de refletir sobre as novas questões postas pela cibernética, pelos novos paradigmas e pela revolução trazida no bojo da economia do conhecimento.

Se observarmos os últimos cem anos, estaremos evidenciando um período de amplas modificações na produção do trabalho. Saímos de uma operação artesanal, rústica, para o modo industrial, gerando a capacidade quase infinita de replicação de produtos e chegando agora à Era da Informação.

Nesse curto espaço de tempo, demos saltos imensos não somente nos moldes da produção, como também na introdução de conceitos como qualidade, valor agregado e preço. Todos esses ganhos se refletiram em benefício da sociedade.

Com a entrada da economia numa produção sob impacto das novas tecnologias, o salto produtivo e de qualidade alcançou resultados não experimentados pela Era Industrial. Sabe-se que estamos no início de uma vasta revolução tecnológica cujos reflexos serão sentidos em todos os desvãos da sociedade.

Essa mesma revolução de cunho tecnológico traz em seu interior o rompimento de muitos paradigmas introduzidos nos últimos cem anos. Estamos diante de investimentos que geram o corte de vagas de trabalho e de tecnologias que eliminam empregos. Estamos diante de inovações que muitas vezes triplicam o volume de produção, com menos pessoas envolvidas em sua realização.

Produz-se mais, com uma qualidade mais rigorosa, em menos tempo, com menos gente.

Os ganhos de produtividade alcançam pontos antes não imaginados pelos administradores. Tais ganhos refletem-se em preços menores, com uma produção mais barata, possibilitando que mais pessoas usufruam dessa conquista de produtividade.

Sim, e o homem, o trabalhador, o ser humano com nome, sobrenome e responsabilidades, como fica em meio a essa revolução?

Nos últimos sete anos, estive à frente da Secretaria de Emprego e Relações do Trabalho do governo do estado de São Paulo, quando os reflexos dessa revolução tecnológica, somados a outros fatores econômicos, geraram altos índices de desemprego.

No caso da região metropolitana de São Paulo, a situação tornou-se ainda mais grave por conta de uma evasão de empresas em direção ao interior paulista ou outras cidades brasileiras numa fuga previsível diante dos graves problemas urbanos da paulicéia.

De outro lado, a cidade experimentava um movimento sofrido anteriormente por outras capitais mundiais, deixando de ser industrial e se transformando numa capital de serviços.

Também pela primeira vez tivemos de nos deparar com investimentos que chegavam ao Estado para a instalação de novas plantas ou ampliação das já existentes, mas que traziam em si um agravante, o de diminuir o número de postos de trabalho como resultado de ganhos tecnológicos.

Investimentos que geram desemprego!

Nenhum outro administrador público teve diante de sua mesa um axioma tão cruel e ao mesmo tempo tão contraditório: os novos investimentos estão gerando desemprego. Seja através da chegada de novas marcas ao país, seja por conta de modernizações ou ampliações nas plantas existentes.

E o problema, vale dizer, não se dá somente na área urbana.

Também na área rural produz-se mais, com mais qualidade, com menos gente.

Nesses últimos oito anos, tivemos ainda crises provocadas pela inserção do Brasil na economia mundial.

No caso do governo paulista a solução foi criar uma verdadeira rede de Programas Sociais de Emprego e Renda.

Com uma margem de manobra muito estreita para gerar empregos diretos, principalmente por se encontrar em meio a um ajuste fiscal inédito em sua história, o governo de São Paulo, por intermédio da minha secretaria, teve de encarar o desafio de preparar o trabalhador para os novos tempos, dando-lhe condições de empregabilidade.

Criamos programas para requalificar o trabalhador, para ensiná-lo a administrar sua carreira, a se adaptar ao novo mercado trazido pelas tecnologias, e desenvolvemos ainda projetos para capacitá-lo a gerir sua própria empresa, culminando com a criação do mais promissor Banco do Povo da América Latina.

Ao mesmo tempo montamos programas para despertar o empreendedorismo dos trabalhadores de São Paulo, dando-lhes instrumentos gerenciais para administrar suas iniciativas.

E, importante, dando-lhes crédito para a implantação de suas iniciativas.

O Banco do Povo, atualmente instalado em mais de 160 cidades paulistas, é uma das maiores revoluções no Brasil de hoje, por auxiliar o cidadão paulista a levar a cabo suas idéias como empreendedor, auxiliando-o com dinheiro barato – juro de 1% ao mês, contra mais ou menos 5% da rede comercial de bancos – a buscar uma nova alternativa de vida, para ele e sua família.

Estou convencido da importância de políticas públicas que auxiliem o trabalhador a lidar com as novas ondas de inovações tecnológicas e o preparem para lidar com esse progresso anunciado, seja nas relações trabalhistas, seja nas relações de emprego e renda.

Não podemos mais é deixar para tratar do problema quando ele estiver posto na forma de cifras, que muitas vezes apenas camuflam o sofrimento de inúmeras pessoas.

Não é necessário dizer que o Brasil possui uma infinita capacidade de se tornar um dos mais prósperos países do mundo, gerando riqueza e paz para seus cidadãos.

Só não podemos deixar a nossa capacidade de progresso ser eclipsada por políticas capazes de atrasar ainda mais nosso destino de ser um grande país.

MAIO DE **2002**

Parte I

18 Walter Barelli

Capítulo I

O Emprego no Mundo Moderno

Miguel de Almeida: Nossa tarefa é traçar um panorama do trabalho e do emprego, e de suas perspectivas e modificações, no Brasil desse início de século. A trajetória de Barelli – economista, ex-diretor do Dieese, ex-ministro do Trabalho no governo Itamar Franco, e ex-secretário de Relações do Emprego e Trabalho do governo do Estado de São Paulo nas gestões de Mário Covas e Geraldo Alckmin – permite que façamos esse percurso a partir de um testemunho calcado na experiência que o torna uma das personalidades brasileiras mais autorizadas no tema. As questões de emprego e de relações trabalhistas ocupam hoje no Brasil uma posição central quando se discutem temas como competitividade, desenvolvimento econômico e distribuição de renda. Ainda nessa linha temos a revolução da informática provocando reflexões sobre a extinção de ocupações, a substituição de tarefas mecânicas, burras e repetitivas por supermáquinas ou robôs, além desse avanço tecnológico, que provoca a diminuição de vagas de trabalho, justamente pela automação de procedimentos antes realizados por trabalhadores.

Por isso sugiro que falemos do aspecto da mão-de-obra, da profissionalização. É interessante então começarmos falando do emprego.

480 ANOS SEM PENSAR NO EMPREGO

Walter Barelli: Gostaria de começar com uma expressão que eu usava quando estava no Ministério do Trabalho. Eu dizia: o Brasil não precisa de ministro do Trabalho, precisa de ministro do Emprego. E isso vem de longe, de uma reflexão de quando nós começamos no Dieese (Departamento Intersindical de Estatística e Estudos Socioeconômicos), que cuidava de salário, do custo de vida, do salário real, mas não tinha dados sobre o emprego. Não tinha dados básicos sobre essas questões. O Brasil só começou a ter um índice de emprego, e de desemprego, na década de 80.

Primeiro porque essa não era uma preocupação das pessoas, nem uma preocupação política. Nós conseguimos passar 480 anos sem muita preocupação com emprego. Era uma questão até de trazer gente para o emprego. Era a escravidão, eram os imigrantes e a ocupação do território. O ponto fundamental era ter o trabalhador que, se quisesse, tinha o que fazer – mesmo se considerarmos a industrialização, depois de 1930 e da Segunda Guerra, vemos que igualmente não tivemos crise de mão-de-obra. A crise de 1929, que também aconteceu no Brasil, não é muito documentada do ponto de vista do emprego como o foi em outros países. É claro que houve conseqüências, mas é muito pouco falado o que aconteceu com a crise de 29, que determinou, de outro lado, mudanças políticas – o Estado Novo etc.

DÉCADA DE 1980, A PRIMEIRA CRISE

É na década de 1980 que teremos a primeira grande crise de emprego. Em 1982, basicamente. Nessa época nós estávamos fazendo a PPVE (Pesquisa de Padrão de Vida e Emprego) do Dieese. Era a primeira vez que o Dieese se aventurava nesse caminho. As estimativas iniciais mostravam taxas de desemprego que, para nós, eram enormes: 16%, 18%, em 1982. Isso quando não tínhamos noção de taxa de desemprego e estávamos refinando os nossos instrumentos de medição. Nesse caso, bastou a economia voltar a ter uma folga, ocupando a capacidade ociosa, e o desemprego diminuiu bastante e voltou, muito fortemente, somente na década de 90. Aí, passa a ser uma grande preocupação, com taxas maiores de 10% – a década começa com 12% –, chegando a cerca de 20% no ano de 2001. Ou seja, anteriormente o emprego não era uma preocupação. A grande questão era como cuidar do salário, das leis trabalhistas, como aperfeiçoar todos esses procedimentos, e não com as pessoas terem emprego. Afinal, sempre se tinha resolvido isso tranqüilamente em termos econômicos.

As crises, a partir de 1990, foram as responsáveis por trazer essa realidade para a ribalta. Aí, passamos a conviver com isso. Mas não foi só o Brasil. Nós passamos a ter taxas elevadas de desemprego ao mesmo tempo que isso acontecia praticamente no mundo todo. Era uma nova forma de produção, uma nova forma de produtividade, principalmente. Havia uma mudança tecnológica e uma nova maneira de estruturar o conjunto da produção. Nós começamos discutindo isso por meio da microeletrônica.

EM 1982, O COMPONENTE TECNOLÓGICO

Foi justamente em 1982 que começamos a discutir uma revolução tecnológica que estava por vir. E tudo isso juntamente com uma outra maneira de organização, que no caso brasileiro foi o fim do modelo anterior de substituição de importações. O modelo de abertura, que seria melhor ser chamado de escancaramento – abrir as fronteiras do Brasil para a produção estrangeira sem políticas acauteladoras, porque a nova onda era a da reengenharia, da reinvenção do governo – nos causou problemas. Problemas que apareceram, na área social, com a questão do desemprego.

Quem passou a ter responsabilidade na área social passou a descobrir que a questão era emprego. A trajetória era começar a conhecer esse mundo do emprego. Afinal, não existiam muitos estudos. Aí, algumas das coisas passaram a ser conhecidas de todo mundo – a questão da empregabilidade ou do empreendedorismo, por exemplo. Inclusive o termo empregabilidade eu ouvi pela primeira vez em 1994. Trata-se de um neologismo dentro da índole da língua portuguesa que não fazia parte do nosso dia-a-dia. Hoje, esse termo é repetido por todos os analistas, com vários conceitos. Porém, a idéia principal é: o emprego depende de alguns requisitos para as pessoas exercerem as atividades. Não é necessário apenas força física e vontade de trabalhar. É preciso que o indivíduo seja empregável. Pois bem, hoje, avolumam-se novos requisitos ou exigências para que os indivíduos consigam preencher as cada vez mais escassas vagas disponíveis, pontificando – entre eles – os relacionados à educação/capacitação profissional, domínio da língua, de um segundo idioma etc.

Capítulo II

EMPREGABILIDADE E EXCLUSÃO

Pedro Paulo M. Branco: A empregabilidade ganhou legitimidade como expressão porque o termo conseguiu refletir um estado de realidade, antes de tudo, de exclusão ou de "filtros" para a inclusão. Ou seja, não se inclui simplesmente pelo desejo, pela disponibilidade para trabalhar. Isso contrastando com o que você falou sobre um longuíssimo período da nossa história recente em que não havia pressão de oferta que não fosse correspondida por uma demanda por trabalho. Tanto que o nosso grande problema não era o do emprego, e sim da sua regulação, de salário e condições de trabalho. A partir do momento em que se tem uma pressão de oferta que não é correspondida, legitima-se a discussão da empregabilidade. Afinal, há os eleitos e os não eleitos para os postos de trabalho existentes.

Empregabilidade é a tentativa de traduzir isso. Os que são mais empregáveis têm maior chance, portanto acabam sendo eleitos. Os demais são excluídos. Ou seja, a empregabilidade é parceira da exclusão no mercado de trabalho. Acho que esse é o conceito-chave da discussão da empregabilidade. Depois, se buscam as explicações. O indivíduo não é empregado porque não tem escolaridade suficiente, porque não conhece inglês, informática etc. Muito pela idade também.

Walter Barelli: A questão de o indivíduo ser empregável ou não pela idade merece ser avaliada de outro jeito: isso é discriminação; já não é questão de a pessoa não ser empregável. É uma visão muito particular de certas empresas e empregadores a respeito do trabalhador.

Pedro Paulo M. Branco: Eu concordo, só que com um novo enfoque: como se tem excesso de oferta, e vão-se legitimando, inclusive, as exclusões por preconceito. Pode-se optar pelo mais jovem... É inegável, assim, que a empregabilidade tem componentes socialmente perversos...

Walter Barelli: Principalmente por ele ser mais barato. Aí, jogou-se fora o mais velho com a água do banho. As grandes questões passaram a ser o seguinte: como resolver o problema do emprego. Primeiro: no raciocínio econômico, o emprego de pessoas não é uma variável importante. Lógico que a utilização das forças produtivas e outras coisas são importantes. Mas nesse raciocínio não se fazem políticas de emprego. Esse é um vício dos economistas. Conjuntural ou estruturalmente, havia políticas que determinavam variáveis importantes como, por exemplo, a questão da estabilidade. Eu me lembro de um amigo meu que foi convidado para trabalhar no Ministério do Trabalho, no tempo do Figueiredo. Eu disse a esse meu amigo: O que você vai fazer no Ministério do Trabalho? Ele não participa do Conselho Monetário Nacional. Ou seja, não se senta à mesa das decisões, então o

Ministério do Trabalho passa a ser um ministério de segunda classe. Bem, eu vou citar nomes agora: esse meu amigo era Alencar Rossi e o ministro dele, o Murilo Macedo. Pois bem, o ministro dele conseguiu que o Ministério do Trabalho entrasse no Conselho Monetário Nacional. Quando eu fui ministro, o Ministério já participava do Conselho. Hoje, nem sequer há Conselho Monetário Nacional. Existe o Copom, mas sem ninguém da área do trabalho. Ou seja, emprego não entra nas grandes decisões. As grandes decisões só se referem à estabilidade: isso é um valor importante, mas nós no mundo do trabalho não podemos condicionar tudo somente à estabilidade.

Da teoria à prática

Há a necessidade de termos uma visão mais ampla e cuidar também da questão social. Dentre as variáveis macroeconômicas, o emprego é uma variável dependente. Ou seja, se houver investimento e crescimento haverá emprego. O que torna desnecessário pensar antes no emprego do que no investimento. Antes é preciso criar um clima propício para a expansão da economia. Agora, as pessoas nascem antes das decisões econômicas, ou seja, elas chegam ao mercado de trabalho antes das decisões econômicas, e o desemprego cresce quando a decisão econômica não levou em consideração que mais gente deveria estar chegando ao mercado.

Pois bem, a partir desse caso fomos aprender o que era a questão do emprego.

Primeiro: emprego só terá relevância, só será parte da agenda governamental e da agenda da sociedade, se a sociedade estiver envolvida nessa discussão. Daí, já no Ministério do Trabalho, a minha idéia de implantar as Comissões Estaduais do Emprego. E, na Secretaria de Emprego e Relações do Trabalho, no governo de São Paulo, as Comissões Municipais do Emprego.

INVESTIMENTO ECONÔMICO E EMPREGO

Por trás disso é necessário trazer indústria, comércio, agricultura, serviços, trabalhadores em suas diversidades (as centrais) juntamente com os governos federal, estadual e municipal para discutir a questão do emprego, e isso ser transformado em item na agenda da sociedade. Não é fácil, mas ao menos uma vez por mês, nas 440 cidades que têm Comissão Municipal de Emprego, os representantes do governo, da sociedade local, trabalhadores e empresários sentam-se para uma reunião na qual se discute emprego. O emprego só virá para a ribalta se for uma questão da sociedade. Todos estão envolvidos.

Não se trata de uma questão que se resolve automaticamente se todas as outras forem resolvidas como costumava acontecer historicamente no Brasil, numa época em que não era preciso pensar em emprego. Hoje não é mais assim.

É preciso que sejam tomadas decisões políticas e econômicas sobre a questão do emprego. A partir daí, do chamado Sistema Público de Emprego, são pensadas políticas específicas para cada setor. Uma das expressões que me agradam é do Roberto Macedo, quando ele, discutindo as causas do desemprego, disse: "O desemprego parece um cachorro vira-lata que você olha, olha, vê um cruzamento de inúmeras raças, não consegue definir qual é a raça dele e fica brincando de descobrir". O desemprego também tem várias causas e vários setores afetados. O desemprego do jovem é diferente do desemprego do idoso ou do adulto de mais de quarenta anos. O desemprego da pessoa de baixa escolaridade é diferente do da mulher. O desemprego prolongado merece políticas diferentes. Ou seja, tudo isso leva à criação de uma série de políticas que os economistas chamam de passivas e ativas. As passivas são aquelas que dão uma solução para determinados problemas, como o seguro-desemprego, a questão da intermediação de mão-de-obra etc. E as políticas ativas são as frentes de trabalho, a questão de uma nova inserção chamada empreendedorismo – que é uma outra maneira de resolver o problema do emprego.

Capítulo III

Empreendedorismo como Arma Social

Miguel de Almeida: Podíamos agora falar do empreendedorismo como arma e política social e cultural. Parece-me que antes era mais fácil empreender.
Primeiro porque não se preocupava com emprego. Por outro lado, parece que antes era fácil montar um negócio: conseguir dinheiro para financiamento, lidar com fluxo de caixa, regras mais simples na economia e na sociedade privilegiando o empreendedor etc. Até o aparato estrutural da economia facilitava mais as coisas. Hoje é contrário: sofisticaram-se os mecanismos de produção, de avaliação de riscos, existem pouquíssimas linhas de crédito para novos empreendimentos, sejam privados ou públicos, numa curiosa política de desestímulo ao novo empreendedor. Existe sim uma política de financiamento que estimula a concentração econômica dos grandes grupos, nacionais e internacionais.

Walter Barelli: Eu não tenho essa noção. Procurava-se resolver o problema de carência, muitas vezes, com políticas que favoreciam o empreendimento. Empresas públicas, empresas de economia mista, investimentos privilegiados para determinados setores, bancos de investimento ou de desenvolvimento etc.

Este era o quadro anterior. Porém, havia uma coisa, que a esquerda não compreendeu durante muito tempo, que era o fato de que não há somente uma forma de trabalho, o assalariado. Não há emprego se não houver empreendedores. Nós sabemos de muitos militantes de esquerda que criaram suas próprias empresas e que caminharam muito bem. Porém, era considerada menor a ação empresarial. Ao menos nos círculos que freqüentei não se dava muito valor à capacidade empresarial. Essa é uma grande falha na nossa formação. Costumo brincar que nas histórias em quadrinhos americanas, a Luluzinha e o Bolinha vendem limonada. Nas nossas, o Cebolinha e a Mônica nunca fazem negócios. Ou seja, subliminarmente, nós não somos preparados para criar e gerir negócios próprios. Inclusive, nós queríamos, principalmente no âmbito de esquerda, ter um Estado, uma sociabilização geral na qual o Estado proveria tudo. A expressão do socialismo realista era de que não havia desemprego. Quando eu visitei a União Soviética o desemprego era zero, como também em Cuba. Isso porque oficialmente ninguém estava desempregado. Porém, a produtividade do país era diminuta. Eu visitei uma confecção na Quirquísia, hoje Quirquistão, na qual o pessoal, na piada de sempre, dizia que fingia que trabalhava e o governo fingia que pagava.

Havia essa piada maldosa no chamado socialismo real. Porém, a idéia era exatamente essa: não se pensava em produtividade.

O TRABALHADOR AGORA DECIDE

Aí, nós viemos a descobrir que para ter emprego é necessário o empreendedor.

Até para gerir sua força de trabalho é preciso decisão, é necessário ser um empreendedor. Na área da engenharia de produção, vemos que a nova forma de organização nas fábricas é que o trabalhador tem o direito e o dever de tomar decisões. Antigamente, o trabalhador deveria ser um boçal. Quanto menos ele pensasse mais produtivo ele poderia ser. Ele tinha de ser adestrado para repetir os mesmos movimentos. Só recentemente, o trabalhador – que continua empregado – tem cada vez mais responsabilidades.

E você só desenvolve responsabilidade dando ao indivíduo um papel maior. Ou seja, é necessária toda uma formação diferente do que aquela que criava um batalhão de subordinados.

Os cursos de qualificação têm três habilidades: as básicas, as específicas e as de gestão. O trabalhador tem de aprender o que é gestão. Num primeiro momento, a questão é gerir seu próprio desemprego, ou seja, saber como sair dessa situação. Um dos programas de maior aproveitamento que nós fizemos na Secretaria de Emprego, em São Paulo, e que é muito pouco divulgado, é o chamado Time do Emprego. Os trabalhadores são convidados a entrarem num time, eles batizam o time e depois eles se reúnem semanalmente para sessões nas quais eles discutem e fazem dinâmicas de como procurar emprego. Eles aprendem desde como se apresentar numa entrevista até a interpretação de um texto, passando pelo aprendizado acerca de alguns cálculos que aparecem nos testes. Mas, principalmente, eles aprendem que são cidadãos e que devem se portar dessa maneira e, ativamente, buscar seu emprego. Nesses times nós estamos conseguindo de 70% a 80% de colocação das pessoas.. Times que têm nomes muito sugestivos como Vitória, Conquista, Venceremos, União etc. Expressões que mostram sempre um espírito de "nós vamos conseguir".

A QUESTÃO CULTURAL DO EMPREENDEDORISMO

Miguel de Almeida: Vamos aprofundar um pouco mais essa questão do empreendedorismo. Você tocou na questão cultural. Falou dos personagens de quadrinhos americanos e brasileiros, e, em vezes anteriores, em artigos ou entrevistas, eu te vi falando da questão dos americanos, saxões e ibéricos... Como você vê essa questão estrutural na situação brasileira?

Sergio Mendonça: Não haveria uma impossibilidade até teórica nisso? Tem um monte de gente com um tipo de emprego e que recebe um salário pago pela dinâmica do setor privado ou pelo papel do Estado como gerador de emprego que vão ter de "se virar" no limite, migrar culturalmente no que diz respeito à questão do empreendedorismo. Mas quem vai comprar as coisas que essas pessoas vão produzir na medida em que está desaparecendo a renda do momento anterior que era a renda do salário? Não há um problema nisso?

Walter Barelli: Inicialmente o que ocorre com o empreendedorismo é criação de uma nova variável na vida do brasileiro. Eu acho que é importante a gente descobrir esse outro lado.

Veja o Programa de Auto-Emprego (PAE, da Secretaria de Emprego e Relações do Trabalho do governo de São Paulo), por exemplo. Com uma metodologia de capacitação original, esse programa trata de ir até as comunidades de desempregados. Nós levamos as máquinas e a matéria-prima, não levamos dinheiro. Em uma semana, eles aprendem teoria da organização e depois começam a praticar no estilo de profissão que eles escolheram. É-lhes oferecido matéria-prima somente para o primeiro giro no negócio deles. Vamos tomar, por exemplo, o que existe muito na periferia, que são as empresas de confecções. É preciso fazer as primeiras peças, vendê-las, comprar mais pano, vender de novo e ir, nesse processo, formando o seu capital. Durante o curso, eu tenho visto que se consegue dessa maneira uma pequena quantia, dois ou três mil reais. Isso num período de dois meses.

Mas, por outro lado, eles começam a se inserir na sociedade vendendo, retirando muito pouco no início – eles eram desempregados e não vão sacrificar a empresa – e começa-se um novo ciclo de produção e acumulação.

Políticas de emprego e renda

Voltando à sua pergunta que, basicamente, é se isso vai resolver. Eles criaram um produto e por meio dele a renda. Com a renda vão criando mais produtos e uma parte muito pequena eles destinam ao consumo, à própria retirada, sabendo que a empresa tem de crescer dessa maneira. Esse é um processo lento. Agora, uma vez aprendendo a fazer isso, o que eles conquistam é deixarem de ser dependentes. Eles sabem que existe essa possibilidade. Ainda não há tempo para ver o surgimento de um grupo a partir disso, mas aí nós vamos reinventar as cooperativas. À medida que essas empresas populares começam a produzir, se elas se juntam, elas passam a ganhar escala para poder começar a participar do mercado. A coisa está indo tão bem que, nesse ramo têxtil, essas empresas populares de periferia já expuseram em quatro feiras industriais, junto com a Rhodia, Moinho Santista etc. Com a REP (Rede de Empreendimentos Populares), está começando uma nova estrutura. E a ABIT (Associação Brasileira da Indústria Têxtil), está criando uma agência de promoção de exportações desses produtos. Não dá para dizer como eu resolvo o problema de toda a pobreza, mas uma parcela do problema a gente vai resolvendo, em lugares onde a pobreza era muito maior e havia o desemprego e a falta de renda. Eu acho que faltam estudos para descobrir como resolver esse outro problema. Como que é que dessa maneira se pode ter renda para toda a população?

Eu vejo que se essa mesma coisa que a gente faz no âmbito micro dos desempregados, se a gente fizer nas cidades, a coisa ganha outra figura.

E o exemplo é claro. A nossa Comissão Municipal do Emprego de Birigui, uma cidade onde a produção principal são os calçados infantis, discutiu as oportunidades do Mercosul e a necessidade da integração econômica. Os calçadistas de Birigui fizeram então uma feira de calçados em Buenos Aires, muito antes dessa crise. Eles venderam tudo o que levaram, voltaram com encomendas e propostas de joint ventures. Ou seja, aquilo que é feito de um jeito no Jardim Ângela pode ser feito de outra maneira numa cidade se ela começa a perceber as possibilidades de crescimento.

A ação da política de emprego é começar a descobrir aquilo que o pessoal chama de nichos de produção do Brasil. Na discussão sobre globalização, eu acho que o Brasil tem muita coisa que ele pode contribuir se tiver gente pensando em como fazer, para o nosso mercado interno ou externo, buscando as potencialidades, e onde fazer. E política de emprego, ou política de produção que gera emprego, tem de partir, também, dessa reflexão. Isso só acontece se você tiver mentalidade empreendedora. Perceber o que eu posso extrair do meu Estado, da minha região e com isso eu gero emprego e renda que estavam faltando no Estado e na região.

Capítulo IV

CONDIÇÕES PARA O EMPREENDEDORISMO

Pedro Paulo M. Branco: Queria juntar dois elementos a essa questão. Empreendedorismo tem a ver com uma determinada formação cultural dos atores que operam nesse palco da produção. E uma sociedade que historicamente foi sendo acomodada na evolução da produção como sujeito passivo da ação de uns poucos que detinham o controle do empreendimento, que fez do assalariamento – precário ou não, com vínculo ou sem – um caminho quase único na busca da inserção na atividade produtiva, de repente, se vê às voltas com brutal estímulo ao empreendedorismo, pró-empreendedorismo, sobre as vantagens do empreendedorismo etc., que desse ponto de vista do discurso me parece uma coisa um pouco forçada demais e deslocada das circunstancias históricas em que essa projeção de perspectiva é posta. Isso vem acoplado, infelizmente, ao grande debate sobre as alternativas que precisam ser colocadas em relação à crise no mercado de trabalho que é basicamente, uma crise de insuficiência de demanda. Tem-se um excesso de oferta de mão-de-obra que não encontra amparo numa ocupação. Aí, decreta-se o fim do emprego tradicional e diz-se que as pessoas têm de ser cada vez mais preparadas para serem detentoras da própria iniciativa de geração de renda. Mais grave é que o empreendedorismo além de surgir numa situação crítica do ponto de vista de que as pessoas não estão preparadas para isso e de uma crise que não é só de emprego, mas sim de renda. Porque se a renda estivesse crescendo e a propensão bruta e global da sociedade a consumir fosse crescente, mesmo com menos emprego, havia espaço para oferta de novos produtos e serviços de empreendedorismo e essa capacidade aumentada de compra fecundaria o empreendedorismo. O problema todo é o seguinte: você gera mais empreendimentos como alternativa de ocupação em contraposição ao fato de estar minguando o emprego assalariado numa conjuntura de baixíssimo crescimento econômico e, mais grave ainda, com redução da renda dos assalariados. O prognóstico que o Serginho fez é até de nível estrutural mesmo. Mas falando só da conjuntura você já tem esse impasse nela mesma. Ou seja, a coisa está colocada de tal forma que mesmo o momento no qual mais se discute empreendedorismo no Brasil – as suas vantagens, o que é preciso fazer para que as pessoas adquiram uma cultura empreendedora etc. – é o pior momento da nossa história econômica. A ausência de participação de responsáveis por políticas de emprego no Conselho Monetário etc. Além do que o Serginho colocou como a questão macroeconômica. Eu acho que nós não temos uma macroeconomia de emprego no Brasil. A nossa macroeconomia é subordinada a um determinado padrão de ajuste estrutural da economia que mais do que não abrir oportunidades para o emprego ele é destrutivo das perspectivas de empreendedorismo também. Ou seja, está se criando cada vez mais empreendedores num ambiente econômico hostil, portanto, gerando frustrações também. O resultado é que o empreendedorismo, que poderia ser uma coisa benfazeja e uma alternativa complementar para a geração de oportunidades estruturais de renda e ocupação, fenece, por ausência de ambiente econômico propício à sua consumação, e a culpa acaba caindo nele próprio e na ausência de cultura para tanto. Culpadas indevidamente, assinale-se, porque vitimados por uma situação que é pré-determinada historicamente por uma condição macroeconômica desfavorável.

Capítulo V

RECAPACITAÇÃO, OUTRA ARMA

Walter Barelli: Quando eu estive na inauguração de um Banco do Povo numa cidade que me foge o nome, uma cidade do interior, o prefeito me disse "esse moço", que era eu, "está acostumado a remar contra a corrente". Se a gente verificar a nossa história, nós cuidamos de sindicato quando o sindicalismo estava por baixo e fora da democracia. Quando aceitei ser secretário do Emprego (aliás, até sugeri que fosse "do Emprego" a Secretaria, porque aí sim se tornaria um desafio), muita gente me disse: "Politicamente você é louco, você vai ser secretário do Emprego na época de maior desemprego?".

Eu tinha acabado de ser ministro, acabado de ver o Plano Real, sabia que não iria ser fácil a implementação de tudo aquilo – a chamada memória inflacionária precisava ser derrotada e os anos 1995 em diante não seriam róseos – e a gente iria mais uma vez para o olho do furacão: Secretário do Emprego na época do desemprego. Esse é um "vício" de minha equipe: ir para os piores desafios.

Pois bem, há uma música que diz que "o Brasil não conhece o Brasil". Essa é uma coisa que precisa ser aplicada quando a gente parte para um grau de abstração muito grande, quando a gente analisa macroeconomicamente as coisas e verifica a realidade. Com uma taxa de desemprego de 20% como a de 1999 lógico que houve uma série de mazelas, mas ao mesmo tempo as pessoas tinham estratégias de sobrevivência. As piores possíveis no nosso modo de ver, mas a gente não conhece como esse povo, principalmente os desempregados e os mais simples, enfrenta as situações. Nós temos construções que aprendemos na universidade, só que na prática a teoria é outra, como se diz. Ou seja, remando contra a corrente mais uma vez, era preciso se valer de todas as oportunidades. A idéia do programa de qualificação, a gente sabia que não significava emprego para todo mundo que se qualificasse. Mas quem não se qualifica tem mais dificuldade de ter emprego. Então, havia a necessidade de trabalho nessa direção. As pessoas que começam um negócio encontram uma estratégia de sobrevivência diferente das outras. Daí, o programa de Auto-Emprego suplementar com o Banco do Povo. Fomos descobrir um programa que é fundamental para aqueles que estavam no desalento, o desemprego de longo prazo, que foram as Frentes de Trabalho. Aí, a questão não era tanto ter emprego, mas ter trabalho, ter ocupação. Na espiral de perdas que é o desemprego – sim, porque o indivíduo começa perdendo o emprego e vai perdendo tudo até perder a auto-estima e a dignidade – a Frente de Trabalho faz um milagre. A pessoa começa a trabalhar e ganha tudo de volta: sociabilidade, porque forma novos amigos; e volta a ter dignidade na sua casa, no seu bairro, na sua família, porque tem o que fazer. São propostas que você deve desenvolver em situações seriíssimas como essa do grande desemprego. Em conjuntura de crescimento talvez ninguém pensasse em fazer todas essas políticas, afinal o Brasil nunca pensou nisso antes. O máximo que se pensou foi ter os "Ss" como forma de criar capacitação na indústria e no comércio. Não houve preocupação nem em sequer impedir o desemprego. O que eu acho é que primeiro não existe uma política de emprego.

Tem de haver várias políticas de emprego que vão desde uma inserção macroeconômica a políticas para diversos setores da sociedade. E o empreendedorismo vale desde aquele de Birigui que eu dei o exemplo, que é de um setor estruturado, até o Jardim Ângela, com os empreendimentos populares.

Pedro Paulo M. Branco: Eu concordo. Eu não falei nada contra o uso de nenhum desses instrumentos. Eu só falei que o empreendedorismo é menos alvo voltado para o enfrentamento de situações dramáticas do mercado de trabalho desfavoráveis ao emprego. Ele é muito mais adequado quando se cria uma macroeconomia favorável ao crescimento da renda e da produção. Eu acho que o empreendedorismo no Brasil foi apropriado equivocadamente como solução e saída para problemas do mercado de trabalho. Eu acho que ele não serve para isso. É lógico que se deve pegar elementos do empreendedorismo em situações extremas e procurar fazer com que eles alavanquem renda e ocupação. Mas eu só digo que nesses ambientes extremamente restritos, as possibilidades do empreendedorismo ser multiplicador são muito diminutas, o que resulta mais em frustrações do que resultados positivos. O que não é um mal em si do empreendedorismo, mas sim uma restrição macroeconômica, externa a ele e que o limita.

Walter Barelli: Estou de acordo com você. Mas quero resguardar uma característica num método de capacitação massiva. O método do Clodomir de Moraes, utilizado pelo PAE – Programa de Auto-Emprego– tem uma força tão grande que as pessoas nunca mais vão ser as mesmas e nem vão dizer que são incapazes. É uma questão de descobrir seu potencial, se não deu certo por este caminho, tente outro.

Pedro Paulo M. Branco: É que esses instrumentos, se a gente tivesse uma prevalência da macroeconomia do emprego influenciando as políticas macroeconômicas de maneira decisiva, a gente teria muito mais prosperidade nessas estimulações todas.

Capítulo VI

BANCO DO POVO OU 1% DE JUROS MENSAIS

Sergio Mendonça: Acho que você podia falar mais de uma outra experiência que surgiu na década de 1990 que foram os Bancos do Povo, que também são voltados para darem crédito para quem está tentando uma fonte de renda.

Miguel de Almeida: Isso está dando bons resultados?

Walter Barelli: É uma experiência vitoriosa. Primeiro porque no Brasil isso não existia. Afinal, com uma taxa de inflação enorme de quase três dígitos ao mês, era impossível negociar qualquer coisa em termos populares. Principalmente os empréstimos do Banco do Povo que vão de R$ 200,00 a R$ 5.000,00. A América Latina avançou antes do Brasil no microcrédito porque tinha taxas de inflação muito menores. Bolívia, Equador e Colômbia, por exemplo, fizeram experiências vencedoras de micro créditos. A nossa experiência foi coerente em criar um Banco do Povo que não se subordinasse a uma característica, atualmente vigente no nosso sistema bancário, que são as altas taxas de juro. Nós cobramos a enorme taxa de 1% ao mês – e eu vou explicar porque é enorme. Para nós, hoje, em 2002, 1% ao mês é considerado barato; afinal, nós vivemos num ambiente no qual as taxas de juro foram de 10%, 12% ao mês, mas não é essa a realidade dos juros nos países estabilizados. As taxas ficam entre 3% e 5% ao ano. Por isso, afirmo que nossa taxa de 1% só é pequena na atual situação brasileira de juros altíssimos. Em comparação internacional, ela também é muito alta.

Inadimplência quase zero

Desse modo, cobrar 1% ao mês é considerado um diferencial do Banco do Povo paulista. Só que ainda é alto. Se nós queremos favorecer determinados tipos de empréstimos, nós devemos fazer o crédito subsidiado que o BNDES faz para determinadas empresas. Tem muita coisa que é feita até com fundo perdido.

Agora, nós estamos também ensinando os nossos clientes a trabalhar com crédito, aí as coisas vão se tornar definitivas. Eu espero que nós possamos pensar num Banco do Povo com 3% ao ano como taxa anualizada. Só que isso vai depender do ambiente no qual a gente vive. O Banco do Povo tem uma característica, por ser único com esse modelo, que é a seguinte: a cada quatro empréstimos do Banco do Povo são gerados três empregos. É muito natural que no seu primeiro empréstimo, você não crie um emprego novo, mas qualquer atividade que se inicia, normalmente vai, na expansão, precisar contratar mais gente. Então, o Banco do Povo é um processo de geração de emprego através do microcrédito.

Nós tivemos a condição de inaugurar uma nova unidade do Banco do Povo a cada sete dias, o que é um ritmo excelente porque é uma coisa nova e você precisava preparar o parceiro, que é a Prefeitura, precisava preparar os agentes de crédito, não se tratava apenas de abrir uma portinha. É todo um processo de formação de um outro profissional, que é o agente de crédito.

E o desempenho é enorme. Em muitas cidades, a taxa de inadimplência do Banco do Povo é de 0%. O Mário Covas dizia, e o Geraldo Alckmin também diz, que pobre paga. O rico quando deve vai para Paris e o pobre não dorme de noite se tiver uma dívida. E essa é a experiência do Banco do Povo. Houve até um caso de uma senhora que deixou de pagar porque foi roubada e o agente de crédito disse que assim que ela se restabelecesse ela pagaria tudo. Nós demos baixa no empréstimo e um ano depois ela veio bater de novo nas nossas portas para saber quanto estava devendo porque ela queria liquidar sua dívida. É uma diferença brutal no comportamento do pequeno em relação ao crédito e isso está sendo o sucesso do Banco do Povo.

A ORIGEM DO BANCO DO POVO

Miguel de Almeida: Acho que seria bom contextualizarmos algumas coisas.

De onde surgiu a idéia, qual foi a fonte de pesquisa e qual foi a aculturação feita no Estado de São Paulo? Sei que você primeiro abriu agências em cidades pequenas, muito pequenas, depois foi abrindo em cidades maiores, com populações grandes, quer dizer, foi esquentando seu pessoal, como se diz no showbiz, pegando experiência.

Walter Barelli: A questão do Banco do Povo é a seguinte: lá para trás, no Dieese, surgiu a idéia do Banco do Trabalhador, administrando os recursos do fundo de garantia e coisas desse tipo. Mas foi justamente no início do governo Fernando Henrique que, numa reunião que tivemos em Brasília, onde começou a se discutir, no conjunto dos secretários de trabalho – Fórum dos Secretários de Trabalho – a criação do Banco do Povo. Tinha acabado de surgir a experiência do Porto Sol, uma experiência que existe em Porto Alegre, uma espécie de ONG da qual participa tanto o governo estadual quanto o municipal, e também a FIERGS e o Sebrae. Era uma estrutura que estava funcionando bem em Porto Alegre. Em Brasília, no Banco Regional de Brasília, o BRB, um antigo funcionário do Dieese começou uma experiência de microcrédito. Nas reuniões, nós começamos a discutir isso. O Pedro Paulo (M. Branco) foi um grande pesquisador na questão do Banco do Povo. Aí nós fizemos um grande seminário pelo Fórum dos Secretários de Trabalho junto com a Comunidade Solidária e trouxemos as experiência do Porto Sol, e uma outra, muita antiga no Brasil, da chamada Ceape (centros de apoio ao pequeno empreendimento) que funciona muito bem há muito tempo, porém com grandes dificuldades. Vimos a experiência da Bolívia, do Equador e da Colômbia com microcrédito e fomos trabalhando. Nós motivamos o BNDES que voltou a criar uma diretoria social que construiu a idéia de dois tipos de banco do povo.

O BNDES Trabalhador, que seria mais ou menos o modelo que nós temos em São Paulo, e o BNDES Solidário que seria mais ou menos como ONG's no estilo Porto Sol.

Capítulo VII

Os Juros de 1%

Pedro Paulo M. Branco: Em que o BNDES se preparou para funcionar como uma instituição de segunda linha, repassadora de fundos para serem operados na ponta por um sistema descentralizado, apoiado em entidades patrocinadas por governos estaduais e/ou locais ou em entidades do terceiro setor (ONG's).

Walter Barelli: A coisa encrespou no BNDES, porque o BNDES só pode emprestar dinheiro a juros. E os juros do BNDES inviabilizam a cobrança de menos do que 3%. Por isso que outros bancos ditos do povo emprestam a 4%, 5% ou até 6%...

Sergio Mendonça: A sua experiência como secretário do Trabalho e com o Banco do Povo no governo Covas gerou uma polêmica, não? Com essa história das taxas de juros serem 1% ou 4%, o que eu acho que está por trás dessa concepção é fazer crédito subsidiado com recursos públicos. O que eu não acho errado em época de crise de emprego, mas isso colide com o modelo internacional de que os bancos do povo têm de andar com suas próprias pernas, ou seja, se pagar sozinho. Você não fica sujeito às vicissitudes das mudanças políticas?

Walter Barelli: O Banco do Povo paulista já é, tirando o do Banco do Nordeste, a maior instituição de microcrédito do Brasil. Eu já entro nessa questão, deixe-me só concluir a história.

Nós estávamos nessas discussões e um dia o (Mário) Covas me mandou ver uma experiência que o Tasso (Jereissati) tem no Ceará, um órgão chamado Fundação Casa do Povo. Nós fomos juntando todas essas experiências, inclusive a do Banco de Bangladesh – muito bem sucedida – e se criou um modelo baseado no chamado BNDES Trabalhador. Só que o BNDES não conseguia implantar esse modelo porque os estados não podiam se endividar, dentro dos contratos feitos de negociação da dívida passada. A controvérsia colocada no Brasil hoje é qual a taxa de juros que deve ser cobrada. Para nós, aqui em São Paulo, 1% é alto porque nós estamos usando um fundo rotativo feito com recursos orçamentários. O Estado entra com 90% dos recursos do empréstimo e a Prefeitura com 10% dos recursos que vão ficar no seu município. Ou seja, é uma associação entre a Prefeitura e o Estado. O Estado é responsável, com seus funcionários, pelo treinamento e gerência do sistema, e a Prefeitura fornece os agentes de créditos (cerca de dois por cidade, o que não é muita gente).

A controvérsia é: tem de sair do cliente o pagamento dos funcionários do Estado e da Prefeitura ou não? Qual é o custo geral se nós fôssemos ratear isso, o que nos obrigaria a subir a taxa de juros? Além disso, a taxa de juros depende dos giros dos negócios. Quando você está começando, você tem ainda poucos negócios e tem um custo com funcionários que pode ser grande.

Mas à medida em que a experiência vai se generalizando, vão se multiplicando os números de negócios do Banco do Povo. Aí, você até pode amortizar uma parte dos salários sem problemas. O nosso Banco do Povo não visa lucro, mas ele tem saldos positivos todos os meses do ano. Isso porque nós gastamos menos – o único débito que a gente joga é da operação bancária da Nossa Caixa e o das inadimplências; como as inadimplências são baixíssimas, a influência na taxa de juro que nós cobramos é muito pequena. Dependendo do número de negócios, de repente, a gente pode baixar ainda mais a taxa de juros do Banco do Povo paulista. Ou seja, a taxa vai baixar quando tiver mais negócios. Nesse momento, eu poderia cobrar 0,16% se o deflator fosse o índice do Dieese. É um modelo muito bem estruturado nesse aspecto.

Os juros de 1% II

Pedro Paulo M. Branco: Eu gostaria de incluir mais um elemento nisso que é o conceito essencial que deve presidir a execução das políticas públicas.

O Estado provê serviços públicos e uma de suas funções primordiais é, que nessa provisão de serviços públicos, ele (o Estado) ser compensador, assim entendendo-se que as políticas públicas têm, no mínimo, de promover compensação social, sendo capazes, portanto, de atuarem pró-ativamente no enfrentamento das desigualdades sociais. Quem tem renda, se o serviço público é universal, pode, por exemplo, optar pela escola pública, mas se você não quiser exercer essa opção, poderá adquirir o ensino privado.

Agora, todos os pobres têm de ter acesso universal e irrestrito ao ensino público, tanto quanto à saúde. Você paga agentes públicos para proporcionar o acesso da população a esses serviços. Esses agentes têm de atuar tanto mais fortemente quanto mais for excluída a população desse acesso. O conceito do Banco do Povo é o de franquear acesso a quem, por outros caminhos, não teria crédito. Trata-se de um serviço público. Se o governo tem um serviço de vigilância sanitária inclusive para os bichanos das madames que moram nos bairros chiques da cidade e a vacinação gratuita se faz em postos que a prefeitura espalha por toda a cidade, por que não pagar o salário de um agente de crédito que é servidor público e atua num programa público? Por que necessariamente é preciso incluir esse custo no custo de concessão do crédito? Mesmo que o Estado possa, com essa taxa de 1%, viabilizar o funcionamento do Banco do Povo a ponto dele poder absorver esse custo.

Nada de absorver, que se aumente o volume de créditos disponíveis para a população. Esse é o conceito que está por trás da concepção do Banco do Povo paulista. E a discussão da taxa de juro me parece hipócrita. Que história é essa de sustentabilidade? Negócio nenhum, inclusive, é sustentável a essas taxas de juros. Se as taxas de Banco do Povo forem as que devam assegurar a sua sustentabilidade, dá para afirmar que sequer as taxas que presidem o padrão de retorno dos grandes e mais bem sucedidos negócios em nosso país seriam capazes de remunerar tais custos de sustentabilidade. Reparem vocês que 4% ao mês dá 60% ao ano!!! Qual é o negócio privado muito bem sucedido que garante uma taxa de retorno de 60% ao ano? No mundo da legalidade e dos negócios lícitos isso não existe!!!

Taxas reais de retorno acima de 20% ao ano nas principais economias do mundo são taxas que fazem com que as ações das empresas na Bolsa de Nova York, por exemplo, sejam as coroadas de um êxito fenomenal. As empresas que alcançaram taxas de retornos superiores a 30% ao ano, no auge da new economy, no caso de algumas empresas da área de tecnologia da informação (Microsoft etc), conseguiram isso em quais circunstâncias? E têm mantido, por acaso, esse desempenho? Ora, basta lembrar dos sucessivos alertas de Alan Greespan, o todo poderoso presidente do Federal Reserve dos EUA, a respeito do que ele próprio denominou de "exuberância irracional" chamando atenção para o fato de que aquela "bolha" de rentabilidade não encontrava respaldo no real desempenho da economia e sequer das empresas consideradas as mais rentáveis. Quanto foi que a Microsoft deu de taxa de retorno nos seus anos de auge? Deu 60%? Não. Agora, aqui no Brasil, tem essa conversa que tem de remunerar ao custo e esse custo é quatro e tanto por cento.

Portanto, o infeliz do micronegociador tem que dar sustentabilidade para esses Bancos do Povo. Eu acho isso hipócrita. Eu acho essa concepção totalmente descabida de qualquer sustentação, inclusive ético-moral, quando se está numa discussão de micro crédito, não na expectativa de dar sustentabilidade a esse mecanismo de crédito - que deve ser um serviço público - mas sim de dar sustentabilidade à sobrevivência daquele que toca o micronegócio. Tem de se escolher uma coisa ou outra. Ou se vai ter taxa de retorno para remunerar o banco do povo a 60% ao ano ou se vai ter taxas de retorno que dêem sustentabilidade para o negócio dele. Aliás, deve-se desde logo admitir que essa alternativa de remunerar o crédito obtido a taxas dessa magnitude não tem qualquer possibilidade de sucesso. Os Bancos do Povo que se apoiarem nessa premissa estarão, sem exceção, fadados ao insucesso, limitando-se a se tornarem fornecedores de algum capital de giro de baixo valor médio, para retorno muito rápido. Tudo o que cabe numa economia indigente, de mera subsistência, nada que se assemelhe a utilização do micro crédito como instrumento de alavancagem de negócios que possam se estabilizar e ganhar sustentabilidade, gerando emprego e renda para os seus responsáveis de modo duradouro e passível de crescimento.

Sergio Mendonça: Tudo bem. Eu só acho que isso traz a discussão para uma questão política e filosófica. A questão do papel do Estado.

Walter Barelli: Um comunicado para vocês. Nós ganhamos a discussão. No Portal do Microcrédito, auspiciado pela Comunidade Solidária, havia uma definição de Banco do Povo, que não contemplava o modelo do Banco do Povo Paulista. Protestamos e ganhamos. Agora a definição "brasileira" abrange também o nosso conceito de Banco do Povo. Nós batalhamos e recebemos nessa última semana a notícia de que nossos argumentos prevaleceram.

Sergio Mendonça: Eu fiquei naquela reunião da Comunidade Solidária, à tarde. Eu vi o desconforto de membros do Comunidade Solidária porque a formulação majoritária é a da sustentabilidade, que é privada.

Pedro Paulo M. Branco: Mas eu avanço dizendo que é preciso se falar de microcrédito público.

Miguel de Almeida: Há um ponto histórico econômico muito importante: essa questão do Banco do Povo, com esse espírito de proteção ao pathos social, foi grafada no meio desses tempos neoliberais, de uma economia Malan liberal. Sim, porque queiramos ou não, a política econômica vigente é mais ou menos dessa vertente. De outro lado, o maior estado da Federação, numa época de auge do regime neoliberal – quando se tenta vender o engodo da mão invisível do mercado favorecendo a todos – remou contra a corrente, bancando um programa de geração de renda e emprego de caráter vitalmente democrático. Você, Barelli, de novo foi contra a maré.

Capítulo VIII

POLÍTICA PÚBLICA SOCIAL DEMOCRATA

Walter Barelli: Aí tem mais uma questão importante. O que é social democracia? A política que nós desenvolvemos é de caráter social democrático. Num mundo que está em mudança. A social democracia foi importantíssima na primeira metade do século passado ao criar a previdência social, o estado de bem-estar social, que passou por toda uma reformulação em todos os países – e isso ainda não terminou – onde se fala do chamado neoliberalismo. Há propostas da França, que é um governo socialista que está lá; e assim por diante. No Estado de São Paulo, nós praticamos políticas públicas para a população. Coisas que vão contra a corrente. São totalmente inovadoras. O nosso Banco do Povo é diferente de todos os outros. E aí é a briga porque você tem o crédito como uma ferramenta de criação de empregos. Não se entra numa armadilha de que não se pode ter uma política pública de crédito. O Estado faz políticas públicas.

Outra coisa: é o único Estado que possui as Frentes de Trabalho, que são uma política eficaz de incorporação e de eliminação da pobreza. Uma das coisas que nós vamos ter de teorizar é o que está sendo chamado pelo Fernando Henrique de rede de proteção social, com vários mecanismos de complementação de renda, ou de renda básica: Bolsa Escola, Bolsa Alimentação, Vale Gás etc.

São formas de combater a pobreza. Proponho que tudo isso seja rediscutido no âmbito de uma política mais abrangente e temos uma iniciativa paulista que pode apontar rumos unificadores da rede de proteção social: as frentes de trabalho.

As Frentes de Trabalho

O único estado que tem Frentes de Trabalho é São Paulo. As Frentes de Trabalho foram pensadas quando a moeda foi desvalorizada, em 1999. O cenário era de um brutal agravamento do desemprego, uma queda do produto interno bruto. Quando era preciso ter política para enfrentar essa situação; daí surgiu essa rede de trabalho. Essa experiência é diferente do que é feito no restante do país. Pelo volume de pessoas abrangidas e pelos resultados, é que ela deve ser avaliada como política permanente para desempregados a longo prazo. Não é paternalista. Dá trabalho, devolvendo a auto-estima para o cidadão e enfrenta a pobreza.

Os cursos de requalificação

Se a gente entrar agora na questão de como os cursos são feitos, também temos em São Paulo uma inovação social democrata. O nosso sistema público de emprego não é uma ficção ou uma reunião sem pauta. O nosso sistema público de emprego dá à

Comissão Municipal um papel ativo na definição de políticas. Por exemplo, toda a política de formação profissional é pensada na Comissão Municipal de Emprego, que é, por sua vez, preparada para definir qual o tipo de profissão está em falta naquela cidade. Quando se tem dinheiro público que vai ser investido de graça na formação de trabalhadores, como ver se por trás desse recurso há mesmo emprego? A nossa idéia é não usar o recurso sem a perspectiva do emprego porque ele é o dinheiro do desempregado. Ou você aumenta o seguro-desemprego, em seu valor ou em sua duração, ou você, ao usar o recurso do FAT, você deve ter como resultado um aumento no número de empregados. Então, a formação profissional está baseada nesse princípio. Em cada município, a Comissão de Emprego define quais os cursos levam a emprego na cidade.

Cursos sob demanda

Quais os sucessos? Por exemplo, o último foi a comissão de emprego de Araraquara que percebeu que tinha de criar mão-de-obra para a Embraer que ia se instalar na região. Então, os cursos dados na cidade foram de preparação da primeira leva de trabalhadores para a Embraer. Em outros locais, a política de implantação de empresas no município levou a que os cursos pedidos também fossem aqueles que contemplassem essa expansão do município.

É uma outra visão. Não é formação profissional pela própria formação, mas sim formação que leva em consideração que no final haja emprego. Por isso que o Instituto Uniemp, quando faz as avaliações dos nossos cursos, conclui que nós temos uma taxa de aproveitamento elevado em relação ao que acontece no restante do Brasil. Porque não é curso pelo curso. Todos nós gostaríamos de um curso de informática, inglês ou espanhol, hotelaria etc., se tivéssemos tempo disponível. Não é esse o modelo. Buscamos cursos voltados a uma carência que existe no município.

INTEGRAÇÃO DE POLÍTICAS

Sobre a experiência da integração de políticas, eu acho que um outro aspecto que já salientei bastante, mas que trata de um aspecto social democrata da nossa política, é da criação de um sistema público de emprego no qual não é o governo que deve fazer, mas sim a sociedade deve fazer. O Governo faz sua parte, os industriais fazem sua parte, os comerciantes a sua, os agricultores a deles, os trabalhadores observam e dizem onde o calo está apertando. Para mim, esse sistema preside a coisa. Aí, é uma visão desenvolvimentista. A idéia é pegar o lema dos ecologistas: pensar globalmente e agir localmente. As políticas são políticas de ação, as fundamentações são as teorias, os pensamentos, as ideologias e idéias que você tem sobre aquela questão. Então, desde a idéia do Condefat (Conselho Deliberativo do Fundo de Amparo ao trabalhador) ser um formulador de política de emprego para o Brasil funcionou muito no meu tempo de Ministério. A primeira vez que a gente discutiu encargos sociais da previdência foi num seminário feito pelo Condefat. Estadualmente, pelas Comissões Estaduais de Emprego; e localmente, pela Comissão Municipal.

Então, o foco depende do seu espaço de ação. Se eu estou no governo federal, eu tenho de pensar o desenvolvimento do Brasil e como fazer isso. Se eu estou no governo do Estado, como fazer isso. Se a questão do emprego é diferenciada por regiões e cidades, tenho de pensar em como fazer isso e motivar os municípios para tal.

Eu já falei que hoje existe uma reunião mensal que discute emprego em 440 municípios. É uma mudança. Afinal, o olhar de um empresário sobre sua cidade, não um olhar em como obter vantagens para o seu próprio negócio, mas o seu olhar experiente em busca de oportunidades que ele gostaria que houvesse na sua cidade, é uma grande conquista para a política pública. Da mesma forma, os trabalhadores sabem onde a coisa está complicada, logo tem contribuições a dar, principalmente quando se trata dos cursos de qualificação. Então, quem ilumina toda a política pública, no meu modo democrata de ver, são as comissões de emprego (nacional, estaduais e municipais). Como integrar? Bem, primeiro eu tenho de dar poder a essas comissões. A nossa democracia social significa empoderamento (neologismo que vem da tradução literal da expressão em inglês) a essas comissões. Eu dei poder a elas. Elas fazem a política de qualificação do município. Nas comissões de emprego municipais, um dos membros que não é do Governo participa do comitê municipal de crédito. É só dessa maneira que emprego passa a estar na mesa de negociação e é isso que eu quero. Eu briguei muito nos sindicatos porque eles não tinham o emprego na pauta nos velhos tempos. Não tinham na pauta a formação profissional. Como trazer essas coisas...

Estava para vir uma onda de automação, como seria? Numa experiência de governo estadual, a gente trouxe essa possibilidade de discussão. Agora, tem de fechar as políticas. Quais as políticas tradicionais dos governos passivas de emprego? A intermediação de mão-de-obra. Quando eu cheguei na Secretaria haviam seis postos informatizados de atendimento ao trabalhador. Quando eu saí, havia 140. Uma característica especial do Estado de São Paulo...

Serviços sob demanda

Bem, a gente multiplicou o número de postos de atendimento, estamos atendendo mais de 100 mil pessoas por mês no Estado de São Paulo. Nesses postos, os conjuntos de políticas foram concentrados: o seguro-desemprego, a inscrição para qualificação etc. Os resultados são grandes nesse aspecto.

Outros mecanismos de integração: se todos os cursos falam das três habilidades (básicas, específicas e gestão), há um programa só para gestão que é o programa de auto-emprego que, por vício (no bom sentido), é feito só nas regiões de maior desemprego. Não é à toa que meu carro levou oito tiros nas proximidades da favela Pantanal. É um sinal de onde a gente andava. Primeiro, o governo do Estado não vai para a periferia, a Secretaria de Emprego foi. São locais onde praticamente os equipamentos do Estado são polícia e escola e passaram a ter emprego, por meio dos cursos e da constituição de empresas. É a questão do empreendedorismo, com o Programa do Auto Emprego (PAE), que é apoiado pelo Banco do Povo. Toda aquela cadeia passa a se fechar, mas há ainda outras coisas: existem os desempregados especiais. Os jovens, por exemplo. A eles atendemos com dois programas: Programa Jovem Cidadão – Meu Primeiro Trabalho, que possibilita ao jovem com mais de nove anos de escolaridade um estágio de quatro horas nas empresas durante seis meses. Programa que só não é maior porque não há o hábito entre as nossas empresas de dar estágios aos jovens. O outro programa é o Jovem Cidadão – Serviço Civil Voluntário. Esse será um dos pontos principais na minha campanha. São jovens em situação de risco, que iniciam com um curso de informática, depois fazem uma espécie de rito de transição da adolescência para a idade adulta por meio da cidadania. Eles vão conhecer os seus direitos, seus deveres e vão fazer trabalho voluntário nas vilas onde moram.

É um programa pelo qual eu tenho um grande apreço e que trabalha com um tipo especial de trabalho: o desempregado do Serviço Civil Voluntário é aquele jovem que está desempregado por causa do serviço militar obrigatório. Jovens de 18 anos que não têm emprego por causa disso. Aí é uma questão de envolvimento pessoal, a juventude encontra seu espaço, é um belíssimo trabalho. Além disso, como eu já falei, tem um desempregado para o qual ninguém olha, que não é atingido facilmente pela empregabilidade, e é o que vai mais para o chamado desalento na nossa nomenclatura do desemprego. Aquele que quer trabalhar mas acha que não tem mais lugar para ele no mercado de trabalho que é o pessoal das Frentes de Trabalho. Mais de 150 mil trabalhadores já passaram pelas Frentes de Trabalho do Estado de São Paulo em dois anos. Isso fecha o conjunto de programas. Para não dizer que não falei disso, há também o artesanato. Nós também temos uma autarquia, que é a Sutaco, que aborda uma outra alternativa de trabalho e renda que é o trabalho artesanal.

Capítulo IX

FRENTES DE TRABALHO, UMA REFLEXÃO

Pedro Paulo M. Branco: As mudanças que aconteceram na transição dos anos 1980 para os 1990, na composição da tipologia da população que está dentro do mercado de trabalho, vieram lamentavelmente para ficar. A economia passou a trabalhar sistematicamente com taxas de desemprego muito elevadas significativas, ocultas pela precariedade, ou seja, o sujeito consegue fazer bicos para obter algum rendimento. Só que de forma tão irregular e descontínua que acaba disfarçando o evidente desemprego que caracteriza a situação dele. Além disso, há um outro resíduo, que era episódico e passou a ter uma representatividade importante, que é esse desemprego pelo desalento. É o sujeito que recorrentemente não consegue sequer uma inserção mais precária. Ele acaba desistindo de procurar emprego porque não vê nenhuma chance. As Frentes de Trabalho que originalmente nasceram para enfrentar um surto de elevação abrupto do desemprego – porque a economia brasileira deu uma trombada quando fez a transição cambial no início de 1999, que fez com que a taxa de desemprego pulasse de 16% para 20% em cinco meses. Aí, tinha-se um exército imenso de desempregados que se aproximaram dos 2 milhões aqui na Grande São Paulo. Assim, quem você incorporaria nas frentes? Ter-se-ia de incorporar situações mais críticas. Dessa forma, adotou-se um critério de tempo de desemprego como uma variável de corte para a definição dos que seriam contemplados pelas vagas oferecidas. Evidentemente, os que estavam desempregados há mais tempo eram essencialmente os desalentados. Estes existem porque houve uma situação conjuntural de agravamento do desemprego, que passou a ser um componente estrutural do tipo de desemprego que se instalou especialmente nos anos 1990. Desse modo, as frentes que eram solução para aquele momento passam a ser uma resposta, eu não diria estrutural, mas sistemática enquanto essa situação estrutural não se altera significativamente. E houve a sensibilidade de dar continuidade ao gasto público de recursos orçamentários com a sustentação das frentes a despeito daquela situação mais grave de 1999 ter sido em alguma medida ultrapassada.

As taxas caíram, a economia retomou um certo dinamismo, há algum crescimento da atividade econômica. Porém, mesmo que as taxas sigam se reduzindo – este ano elas deverão ser reduzidas e podemos chegar no final do ano com algo em torno de 16% ou 17% da população economicamente ativa em situação de desemprego – você vai continuar tendo uma situação de contingente muito grande de desalentados para os quais você não tem resposta a não ser proporcionar a geração de vagas para o exercício não previsto originalmente pela evolução da economia de atividade laboral, porque você cria frentes para essas pessoas de fato trabalharem. Estou dizendo isso para falar que na configuração do mercado de trabalho no Brasil, uma política integrada, um conjunto de programas que compõem uma política pública de emprego, não poderia ignorar a gravidade da situação do desalento. Nós mesmos, quando discutíamos o feixe de políticas, não ficávamos pensando numa medida para isso. É um pouco de autocrítica, até.

A gente falava das Frentes de Trabalho tal qual elas vieram, para socorrer uma situação de emergência de crescimento muito elevado do desemprego. Ora, não é esse desemprego que cresceu muito elevadamente que as frentes estão combatendo, mas exatamente essa situação de não acesso crônico dos indivíduos às vagas cada vez mais escassas que são oferecidas pelo mercado de trabalho.

VALORIZAÇÃO DA VIDA

Walter Barelli: Hoje, eu valorizo bastante a questão das Frentes de Trabalho. Quando vim de Brasília para São Paulo, eu achava que era importante de alguma forma uma experiência estadual fazendo política junto com a população; eu queria ver como as coisas aconteciam e como o povo acabava sendo beneficiário dos recursos. Essa é a nossa ideologia. Nós somos servidores públicos e queremos que as coisas aconteçam. As Frentes de Trabalho são onde se consegue mais resultados de satisfação das pessoas.

Quando as pessoas fazem o curso também sentem o resultado. Principalmente quando você dá uma oportunidade nova.

Sergio Mendonça: Você pega alguém que estava no fundo do poço.

Walter Barelli: Estava no fundo do poço, mas em menos de uma semana, ele ressurge. No primeiro dia, ele chega para assinar o compromisso meio cabisbaixo. Aliás, é bom salientar a importância da idéia do Mário Covas de distribuir a cesta básica no primeiro dia para o trabalhador desempregado. Ele recebe cesta básica durante nove meses, mas a primeira é no primeiro dia de trabalho. Porque se ele está desempregado há mais de um ano, ele precisa comer no dia seguinte. Isso já muda. Aí, no segundo ou terceiro dia, ele voltou a trabalhar e passou a ver que não é um pária. Tem o depoimento de um cidadão que dizia que, em sua casa, ele não era mais o chefe; que ele se sentia com vontade de ficar embaixo da cama porque ele não contribuía com nada. Era o filho que pagava todas as contas, então ele não podia protestar contra qualquer coisa, porque afinal de contas ele não contribuía para a família. Ele queria se enterrar embaixo da cama. À medida que ele vai à Frente de Trabalho, ele ressurge. Não só trabalha, mas volta a ter uma pequena renda e volta ao posto de chefe da família.

Frente de Trabalho, Intervenção do Estado

Pedro Paulo M. Branco: Se a gente admitisse – pelo menos como lógica de raciocínio – uma recuperação da economia a taxas de crescimento factíveis, porém mais elevadas do que antes, vejamos: o ano passado foi rico em evidências de que na hora em que cresce emprego assalariado normal – e a ocupação como um todo – e a gente tem uma condição continuada de sustentação de taxas de crescimento nesse patamar, tende a cair a taxa de desemprego aberto, a taxa de desemprego total etc. Mas eu acho que a taxa daqueles que não conseguem trabalho deverá cair menos. Dentro da lógica de que há uma certa "inempregabilidade" cercando essas pessoas – ou por idade, idade associada a analfabetismo funcional, a experiência em atividades de baixa produtividade que são pouco requeridas, e uma série de circunstâncias que tornam esses indivíduos muito menos empregáveis. Portanto, prisioneiros crônicos do desalento. Fica me parecendo que você precisa de políticas permanentes para franquear oportunidades de renda via trabalho para esses desempregados crônicos. Aí, as frentes seriam um caminho. Tem um programa, o Começar de Novo, que a Secretaria Municipal do Trabalho está fazendo, que é uma tentativa de dar para o indivíduo acima dos 40 algum atributo a mais de capacitação que o possibilitaria encarar com mais chances alguma coisa. Mas esse cara, mesmo que receba esse atributo está em desvantagem com o outro que já o tem ou que o adquire numa idade melhor.

Ou seja, no fundo eu não sei o que resolve mais: se é agregar uma capacitação a alguém que está numa situação de desalento ou agregar de fato oportunidades práticas, pragmáticas e imediatas, para o sujeito fazer algum trabalho e ganhar alguma renda com ele. Aí só tem um jeito: o provedor desse tipo de situação é o Estado e ele tem de intervir, realizando atividades que ele financia. A gente pode começar a refinar isso e ampliar o leque de alternativas. Não precisa só fazer o que está sendo feito. Eu digo isso para lembrar da questão francesa, a alternativa do Lionel Jospin que no fundo sofisticou as frentes ao criar atividades do tipo cuidadores de idosos – pessoas que vão cuidar do lazer ou da saúde dos mais velhos –, ou seja, é preciso criar atividades novas que são provisão de serviços públicos nas quais você abriga esse tipo de situação.

Walter Barelli: Concordo. Hoje eu vejo que uma política de emprego tem de ter tudo isso que eu falei. A Frente de Trabalho é importante e hoje uma outra coisa que eu acho fundamental é a preocupação com a juventude.

Quando se fala em Frente de Trabalho fala-se em gente de 40 para cima. Agora, o desemprego do jovem é uma questão muito séria. Nos dois casos está o desalento. Num caso, o desalento porque supostamente a vida já passou e ninguém quer mais o sujeito; no outro caso, o desalento porque não há espaço e nem portas abertas. Hoje a questão do emprego tem de ser tratada nessas duas pontas. O do desemprego prolongado e o da entrada no mercado de trabalho.

Capítulo X

POLÍTICAS PÚBLICAS DE EMPREGO

Miguel de Almeida: Dois anos atrás, nós falamos sobre o déficit de profissionais na área de informática – algo em torno de 100 mil pessoas.

Walter Barelli: Era um *boom* das tecnologias de informação, as empresas estavam investindo pesadamente em equipamentos, na feitura de *sites* de *intranets* – o resultado era uma necessidade desse tipo de profissional. O mercado simplesmente não tinha preparado esse profissional em número que atendesse à demanda crescente. Estávamos vivendo os primeiros fortes reflexos dos investimentos das empresas recém-privatizadas da área de telecomunicações, como também os bancos, entre outros setores, investiam fortemente em novos equipamentos, em busca de um ganho de produtividade.

Miguel de Almeida: Barelli, você mesmo falou da questão de telemarketing. Ou seja, isso reforça a importância de políticas públicas de emprego. Agora, como fazer isso? Quais os instrumentos que nós teríamos hoje? Quais seriam necessários para sintonizar a formação e a oferta. Em muitos lugares eu vejo que as escolas estão formando gente para vender sorvete para pingüim. Você falou algumas coisas, mas eu queria voltar nisso porque eu acho importante a gente tratar dessa questão de planejamento.

Walter Barelli: Nós temos de falar de duas coisas: das câmaras e do observatório. Uma das características do governo Mário Covas é que ele começou sem dinheiro. O primeiro salário ele pagou em duas vezes porque encontramos o Estado dilapidado. E começou uma política austera... A minha Secretaria, que estava fazendo políticas novas, tinha também de inovar.

Então, nós criamos as câmaras paulistas de desenvolvimento para atuar em duas pontas. Havia setores paulistas que estavam com problemas, que era o setor da cana-de-açúcar, da laranja, o têxtil e o calçadista. E era preciso abrir oportunidades em setores que davam emprego, que eram os setores de informática, o de telecomunicações, um que não se consolidou, o florestal e finalmente os portos que com sua desburocratização eram necessários para um mundo que se globalizava. Tudo isso pensado a partir das câmaras, através da coordenação que existe nelas. Numa câmara, você tinha toda a cadeia produtiva. Conseguiram-se milagres. Eu, na campanha de 1998, já tinha mudado minha visão do usineiro paulista. Ele não gostava de ser chamado de usineiro, ele queria ser chamado de empresário. Muitos deles tinham sido formados nas melhores universidades do mundo, estavam nas melhores terras e estavam fazendo um produto da melhor maneira possível. Foi na câmara do setor sucroalcooleiro que saiu o Pacto do Bandeirantes, que acabou com o trabalho infantil nas lavouras de cana em São Paulo – o primeiro lugar no Brasil a acontecer isso. Desde 1996 não há notícia de trabalho infantil na lavoura de cana-de-açúcar paulista. As câmaras serviam para a gente tentar resolver, no nascedouro, as crises que existiam. Por exemplo: o que fazer com o setor têxtil, qual a medida que está sendo tomada em Brasília e que exige da gente que levemos a voz de São Paulo de uma maneira diferente?

Como resolver o problema do calçado – havia a grande controvérsia do couro wet blue que era um sério problema para os calçadistas. Nós fizemos o Projeto Júpiter que consistia em verificar quais profissionais seriam necessários com a revolução nas telecomunicações que estavam por vir. Efetivamente, as empresas de telecomunicações despediram muitos de seus funcionários. Porém, o setor contratou muito mais gente. Você tinha uma estrutura diferente da empresa estatal que normalmente, e infelizmente, é uma empresa inchada. Além disso, foi privatizada, o que ocasionou numa redução de quadros, planos de demissão – algumas voluntárias, algo novo – mas começaram a surgir oportunidades do telemarketing, da instalação de TV a cabo e coisas assim.

São necessários sensores para verificar quando um setor vai causar problema de emprego por escassez e outro vai gerar problemas de oferta e demanda, e é preciso estar preparado para as duas coisas. Aí, nós formamos muita gente em telemarketing, instalação de fibra óptica, TV a cabo, de TV parabólica - no início, era um emprego muito bom. Pagavam-se R$ 90,00 por cada antena instalada, e era possível instalar duas por dia. Hoje, essa demanda só existe no interior. Daí, surgiu o seguinte: nós temos uma outra realidade.

A gente vinha do Ministério com uma nova proposta, mas a equipe não tinha muita experiência na questão de formação profissional. Eu me lembro que procurei na universidade paulista – nas três – especialistas em formação profissional. Eu procurava ao menos cinco especialistas – doutores, professores etc. –, pessoas que pudessem me dar soluções, mas não achei. Então, a gente construiu um programa chamado Aprendendo a Aprender, que era composto de três projetos. Um projeto era metodológico, chamado de Habilidades Básicas e Específicas, para a gente entender um pouco mais sobre educação de adultos, a chamada andragogia; um outro, no qual essas experiências fossem colocadas em prática, que seriam os Centros Públicos de Formação Profissional; e um terceiro, que era o Observatório do Futuro do Trabalho. Este último serve exatamente para que pudéssemos nos antecipar às transformações que viriam. As grandes dificuldades que nós enfrentamos no emprego e nas políticas públicas vieram do fato de que ocorreu uma mudança de paradigmas, as coisas estão diferentes hoje, o mundo é diferente e nós raciocinamos com categorias do passado, temos uma legislação que é do passado, que é a pretexto de proteger não protege mais o trabalhador, hoje a maioria dos trabalhadores não está sob a guarda da legislação trabalhista. Havia a necessidade de ver por onde o emprego caminha, que tipo de observação deve ser feita. Era importante saber e continua sendo importante. Daí a criação desse observatório. Trouxemos as entidades que têm know-how na questão, que eram o Dieese, o Seade, as universidades, os departamentos técnicos da Fiesp, da Federação do Comércio e as centrais sindicais, para se integrarem, porque nós precisamos continuamente que, a partir dessas antecipações, se possa adotar as melhores políticas. Essas duas coisas foram importantes. A idéia, por exemplo, que todos nós deveríamos ter cursos de informática. Então, um dos programas que nós financiamos era chamado 8 ou 80 – as escolas eram abertas aos sábados para, com os computadores da própria escola, fazer cursos de informática para neto, filho, pai e avô, ou seja, de 8 a 80 anos. É um projeto com uma formulação muito interessante que deve continuar, porque é fundamental nesse aspecto de que a alfabetização funcional passa pela informática. O objetivo era usar os recursos disponíveis para a própria comunidade.

Capítulo XI

Em 2010, uma Nova Revolução

Miguel de Almeida: Esse tipo de coisa procura resolver o problema de algumas gerações que estão aí no mercado. Mas e a formação, por exemplo? Esse tipo de coisa não deveria estar sendo discutida na formação educacional da criança?

Walter Barelli: O que eu vejo é o seguinte: eu antecipo que nós vamos ter um Brasil muito diferente em 2010. Eu digo 2010 porque os estudos que a gente conhece mostram que investimentos em educação amadurecem em 15 anos.

Nunca se investiu tanto em educação. Investem os três poderes: os municípios - independentemente de partidos políticos – estão investindo em educação; os governos dos estados – todos também investem; a União, igualmente.

Agora, há um outro investimento importante que é o das famílias. Hoje as famílias não fazem o que eu já vi acontecer muitas vezes, que é tirar o filho da escola para ele ir trabalhar e ajudar na renda familiar. Primeiro porque a experiência mostra que não existe mais emprego para crianças. Esse aumento da idade de entrada no mercado de trabalho, de 14 para 16 anos, foi alvo de alguma chiadeira, mas não foi tão grande porque já se tinha um grupo de pessoas aumentando o número de anos de escolaridade. Daqui a 15 anos, isso vai aparecer. O Brasil vai ser um país diferente. A cada ano ele é diferente em termos de educação média. Isso mostra uma outra inserção. Nós sabemos das deficiências do ensino, e isso exige muito investimento nos professores. Embora eu não seja da área Secretaria da Educação, tem uma coisa importantíssima que a gente fez que foi criar um programa de formação voltado para professores do hoje chamado de ensino fundamental de português e matemática. Hoje, com o ensino municipalizado, como se forma o professor municipal? A Secretaria de Educação pode fazer programas para os professores do ensino do Estado. Agora, cada prefeitura vai ter de pensar em como investir na formação dos seus próprios professores. Aí nós recebemos do IQE – Instituto de Qualidade do Ensino – uma proposta que fez com que a gente investisse num multiplicador. Durante seis meses por ano, a prefeitura manda para o programa do IQE alguns professores que vão ser os formadores de formadores de professores de português e de matemática.

Capítulo XII

FORMANDO OS CAPACITADORES

Pedro Paulo M. Branco: Aí a premissa é de que o ensino fundamental, muito especialmente o das quatro primeiras séries, se o aprendizado em português e matemática não for suficiente e plenamente satisfatório, você não constrói a respectiva escolarização futura. O que acontece é que as crianças não podem ficar para trás no aprendizado dessas duas disciplinas. E freqüentemente os professores tinham uma maneira tradicional de explicar – e o aluno que vai ficando para trás é objeto de desatenção. Como português e matemática são disciplinas chaves e são difíceis, isso desestimula a criança, ela se desmotiva porque ficou atrasada e isso aumenta a evasão. Então, você tem hoje um programa de universalização que é ultra bem sucedido, tem o programa Toda Criança na Escola, que atinge taxas que se aproximam de 100%. No Estado de São Paulo não chega a 100% apenas em certas circunstâncias.

Você vê que as crianças que evadiram, fora os determinantes socioeconômicos, revelam que o grave é que especialmente nas matérias de português e de matemática elas tinham baixo desempenho. É preciso criar uma maneira de ensinar o professor, que dá todas as disciplinas nas primeiras séries – antigo primário – a lidar com o atraso e fazer a aceleração em paralelo para não deixar essa criança em defasagem. E o mérito desse programa do IQE é que ele formou capacitadores de professores para lidarem com essa questão. Só que eles não tinham como multiplicar. A Secretaria colocou isso dentro do programa de capacitação, fez com o convênio com IQE e passou a formar esses multiplicadores... Essa é uma contribuição fantástica porque fora os problemas que dificultam o aprendizado dessas crianças, que vão se resolvendo com o Bolsa Escola, com o auxílio alimentação, o livro escolar que chega na hora etc., porém, a aprendizagem tem questões intrínsecas, que dizem respeito a uma pedagogia que é diferente dessa tradicional.

Habilidade básica

Walter Barelli: Por que a Secretaria do Emprego faz isso? Na questão da profissionalização eu já falei da habilidade de gestão. Agora, o outro elemento mais sério na formação profissional é a habilidade básica. E a habilidade básica é aprendida basicamente em português. Para você entender um texto, você precisa saber sua língua pátria, conhecer a estrutura do pensamento. Se você não souber, está perdido para o resto da vida: você não cresce. Da mesma forma a matemática básica é a base para tudo. Você vai ter de aprender os números. Se você começou direito no ensino de primeiro grau, que agora se chama ensino fundamental, o resto da vida está feito.

Pedro Paulo M. Branco: O indivíduo tem de saber ler o manual. Ele tem, hoje, que demonstrar uma autonomia relativa no exercício de sua função. Ele não é mais o sujeito automatizado dos tempos modernos, ele tem de saber ler manual, tem de saber ler instruções para comandar operações, e ele tem de ter raciocínio dedutivo. Tem de fazer as quatro operações básicas mentalmente quando ele raciocina sobre o processo de trabalho. Se isso não acontece, ele não tem possibilidade de progredir.

Capítulo XIII

QUALIFICAÇÃO NO BERÇO

Walter Barelli: Duas coisas. À medida que estou dando possibilidade aos professores das futuras gerações de ensinarem melhor, eu estou fazendo qualificação no berço. O programa de qualificação é muito voltado para aqueles que não vão ser atingidos por essa escola. Então quando nós pensamos, já no Ministério, a questão da educação profissional, estamos pensando no que fazer com as pessoas que não vão ter chance nenhuma. Eu participo de formaturas onde o primeiro diploma que o sujeito consegue na vida é o diploma do curso que demos de copeiro, de arrumadeira, de garçom, de qualquer coisa. E há a felicidade dele de ter seu primeiro diploma.

Mas, as pessoas que ficaram no meio do caminho precisam de um grande programa para fazer um upgrade, precisam se graduar, e cada vez mais. É essa a idéia da educação profissional que nós fazemos.

Pedro Paulo M. Branco: Uma outra coisa que está sendo feita e que também vai nessa direção é um pouco dessa história de sustentar a idéia do Observatório e de ver a questão da capacitação e da formação profissional como algo que teria de haver uma natureza prospectiva também na definição de seus cursos e programas. Com isso, se passou a capacitar e formar numa agenda muito mais rica e diversificada do que o que tradicionalmente orienta essas práticas na maior parte dos programas que estão por aí, que são muito convencionais e determinados por um tipo de proposta de ensino técnico que está pré-formatado em cima daquilo que tradicionalmente se faz. É lógico que tentando incorporar um elemento novo da nova tecnologia etc. Mas na Secretaria isso vai além. Eu acabei de descobrir que existe uma instituição chamada Pró Mulher que forma mediadores de conflito que resolvem questões intradomésticas. O Poder Judiciário está super abarrotado de questões que os juízes são obrigados a despachar que levam a separações conjugais litigiosas nas classes de baixa renda nas quais a tragédia da separação, muitas vezes, acaba por agravar os problemas da família. E essa instituição forma mediadores que resolvem os conflitos, melhorando a auto-estima da família, o sujeito volta a trabalhar, pára de beber, não bate na mulher etc. Só que eles não têm capacidade de formar todos os mediadores que o Judiciário está recomendando que se forme para desabarrotar a justiça desse tipo de questões. Só que se trata efetivamente de promover a uma capacitação profissional.

FORMANDO OS FORMADORES

Walter Barelli: Há uma outra coisa importante. Eu falei que não havia cinco profissionais de capacitação. Bem, no primeiro ano, o dinheiro veio para os cursos e esses cursos tinham avaliação externa. Eu fiz essa avaliação com a Fundação Unitrabalho, que reúne 30 universidades no Estado de São Paulo. Então, eles têm pouco tempo para fazer isso e eles contrataram 200 mestres e doutores para fazer o trabalho. Depois de um mês, eu tinha 200 pessoas que entendiam de educação profissional. Outra coisa importante é o Centro Público de Formação Profissional. Todas essas entidades ou estavam iniciando sua experiência em educação ou estavam em processo de reformulação. O Senai estava se rediscutindo, o Senac idem, a Paula Souza também. Tudo isso nos levou a que, no Centro Público, as experiências fossem feitas em comum. Então, em cada curso desse centro, a idéia era que fosse feito ao menos por duas entidades. Eu me lembro que o primeiro curso a ser feito era de informática para jovens, além de Word, Excel etc., e foi feito pelo Sindicato dos Profissionais em Processamento de Dados, pelo Senai ou Senac e por uma ONG que trabalhava com jovens – e o título e a estrutura do curso era Preparação para o Mundo do Trabalho Informatizado. O que é diferente de somente aprender os aplicativos. Não adiantava aprender algo que no fim do ano já não seria mais usado. Então o curso se centrou bastante em como desenvolver e preparar o jovem para o mundo que ele iria enfrentar.

Novas integrações

Pedro Paulo M. Branco: O Barelli falou muito sobre, digamos, a jurisdição de uma área do Estado chamada "do Emprego". E algumas dessas ações se integram como políticas de outros setores. Aí é um pouco mais difícil porque o Estado brasileiro não foi estruturado para isso, ele não foi reestruturado para fazer com que, por exemplo, as políticas de capacitação tenham uma integração orgânica com a questão da educação. Não há uma articulação entre essas políticas de capacitação, formação e as políticas educacionais em geral. A própria universidade brasileira não formou gente para pensar a questão da formação e da capacitação profissional de uma maneira sistemática. Isso é muito recente. No caso do jovem há uma outra questão que também demandaria que determinadas políticas públicas que se dão fora da esfera da Secretaria de Emprego etc., fossem mais atentas. Ou seja, o jovem precisa ter o seu acesso ao mercado de trabalho retardado. O Barelli mostrou que foi assimilado até com uma facilidade surpreendente o deslocamento da idade mínima para 16 anos. O ideal é que não se mexesse mais legalmente nisso, não precisa deslocar para 22 anos, mas que houvesse uma série de políticas combinadas para fazer com esse jovem só viesse para o mercado de trabalho aos 22 anos. Ou seja, um estímulo a uma escolarização ainda mais completa que antecedesse o seu ingresso no mercado de trabalho. Estou dando esse exemplo para dizer que é preciso evoluir muito ainda a integração entre as políticas setoriais que lidam com questões sociais. Mais do que já há. O Barelli fez com que na Secretaria que ele comandou todas as políticas fossem operadas de maneira integrada. Mas a integração entre a ação da Secretaria dele e as demais é mínima. Não estou dizendo que seja assim por falta de vontade do outro lado, mas sim porque não se funcionalizou o Estado para tal. Esse é um desafio que transcende a discussão e o debate sobre as políticas públicas setoriais voltadas para o emprego. E remete a uma discussão de outra dimensão que diz respeito à macropolíticas públicas. Desde a questão da macroeconomia do emprego e do trabalho e a questão das macro-políticas de educação, saúde, desenvolvimento econômico, regional até bater na coisa da ciência e tecnologia.

Capítulo XIV

ALCA E GLOBALIZAÇÃO

Miguel de Almeida: Eu acho que tem um gancho para uma outra questão dentro da integração de políticas. Nós temos a vizinhança fortíssima da Alca, a presença da globalização... Em termos de capacitação, de produtividade, de competitividade, há um longo caminho pela frente. Todos os setores econômicos experimentam a forte concorrência provocada pela abertura, mas que foi feita de maneira atabalhoada – algo que sempre ocorre no Brasil.

Walter Barelli: Uma coisa que a gente precisa ver é que o Brasil sempre chegou atrasado nas coisas. É o chamado capitalismo tardio. Nós nos industrializamos depois, nós estamos fazendo agora algumas reformas que deveriam ter sido feitas antes... No caso da Alca a posição brasileira era pedir mais prazo para se adaptar, posição que foi vitoriosa. Agora, o que eu acho importante é aproveitar esse prazo. Isso leva, na formação de políticas, a você ter projetos. Eu mostrei que sem estar muito coordenado o projeto educacional está sendo trabalhado em todas as esferas públicas e na esfera das famílias. Quando chegar a Alca, em 2006, você precisaria estar muito mais aparelhado para essas coisas. A nossa experiência de mercado comum é muito pequena. Agora, com a crise da Argentina, ela praticamente desaparece. Há o Mercosul, mas ele já não serve nem mais para exercício enquanto a Argentina estiver a nocaute. Quanto a todas essas integrações há toda uma linha. Por exemplo, a vinda do primeiro-ministro da Alemanha: eu participei da palestra dele e dos empresários alemães que estão no Brasil, e vi que todos eles estão com uma visão superpositiva. A Alemanha quer investir mais no Brasil. Ou seja, uma integração com a Europa melhora a nossa condição de negociação com a Alca. Há uma série de coisas que dependem de política e não se pode ficar no chamado curto prazo que é, infelizmente, o principal mote da nossa atual política econômico-financeira. À medida que você pensa em longo prazo, você tem de começar na Alca e no que está se fazendo para ela. Eu me lembro de ter aberto três seminários, um em Piracicaba, outro em Jaguariúna e outro em Limeira, junto com empresários e a missão canadense e eu dizia: "Olha, a Alca está chegando. Esse encontro é para a cidade já se preparar para o que será isso dentro da agroindústria, que é uma questão para Piracicaba; dentro das telecomunicações, que era a questão para Jaguariúna; e dentro de um setor específico que é o de folheados, um caso de Limeira, a capital do folheado, da jóia etc. A idéia é, novamente, aquela de pensar globalmente e agir localmente. A Alca vai chegar em cada município. Você estar preparado ou não é uma questão de ação na moratória pequena que se conseguiu na reunião canadense de Fernando Henrique com a nossa diplomacia. Nós vamos começar a protestar em 2006? Aí não adianta. O que se fez antes?

Quentes da automação

Em 1982, existia a SEI (Secretaria Especial de Informática). E já no processo de redemocratização, o governo militar começava a pensar nos aspectos socioeconômicos da automação. Ou seja, a SEI era uma secretaria da Presidência da República, era dirigida por um coronel, que dizia que o Brasil precisava se preparar porque a informática viria. Quais as conseqüências socioeconômicas da automação na indústria? Eu fiz isso. Quais as conseqüências nos bancos? Serginho (Mendonça) fez isso. E depois teve do comércio e dos serviços feito pelo Rocha. Então, eles precisavam de uma central sindical para discutir as coisas e não havia. Quem podia falar pelos trabalhadores? Aí, algum santo falou que era o Dieese. Primeiro nós tivemos de conversar com o movimento sindical para saber se eu deveria ir ou não; a diretoria do Dieese disse que sim. Fomos, participamos e foi uma experiência espetacular, na minha opinião. Comparecem todos os então jovens empresários que hoje estão aí nas principais organizações. Foi daí que surgiu uma integração grande com esse pessoal.

Pedro Paulo M. Branco: Que saudade dos militares que pensavam estrategicamente, não no sentido real, é óbvio, mas figurado, porque este país perdeu muito com o abandono a que foi relegado o planejamento estratégico em benefício das apostas no mercado, na captura do que é essencialmente público pelo privado etc.

Walter Barelli: Você tinha de pensar estrategicamente. Foi uma fase que se trabalhava nessa estruturação. Foi importantíssimo.

Nós fizemos com que fossem aprovados os nossos relatórios e uma carta do movimento sindical sobre automação. Afinal, precisava-se avançar muito para essa coisa entrar. A gente queria algumas cláusulas sindicais que tratassem do processo de introdução de inovações tecnológicas nas empresas...

Sergio Mendonça: Você introduziu isso no texto da comissão. Tem uma outra fase que também é importante: a Comissão Afonso Arinos, era composta por notáveis, criada pelo presidente Tancredo Neves para preparar uma proposta para a nossa Constituição. E uma das coisas que o Dieese colocou foi essa discussão da automação e negociação.

Walter Barelli: Se você for introduzir tecnologia e isso desemprega várias pessoas, surge um problema. Não pode ser uma decisão unilateral do empresário, ele tem de submeter isso a um processo de negociação.

Capítulo XV

MILAGRE BRASILEIRO

Walter Barelli: Agora em relação a outra coisa de emprego falada em algum momento desta conversa. Em 1982, nós tivemos uma crise de emprego, mas, por exemplo, na década de 1970 houve o chamado milagre brasileiro. Ou seja, o problema era o arrocho salarial, mas não o emprego. Emprego tinha para todo mundo. Teve momentos, não sei se foi em 1973 ou 1974, que faltou mão-de-obra para a construção civil. Em 1982 houve uma outra crise, que continuou em 83, mas que, com a retomada do crescimento, foi utilizada o que nós chamamos de capacidade ociosa existente. Foi quando se incorporou os que estavam desempregados. Nós tivemos um desemprego medido, ao menos por nós do Dieese, que não se manifestou, ou seja, não foi permanente, passou a ser praticamente conjuntural. Houve invasões em supermercados e uma série de coisas, mas depois o período se acalmou e a economia voltou a crescer e esses desempregados foram incorporados pelo mercado de trabalho.

Sergio Mendonça: A nossa própria pesquisa, a PED (Dieese/Seade), em 1989, chegou a apresentar a taxa de 7%.

Miguel de Almeida: E conseguiu-se planejar um quadro do que se queria em termos de automação?

Walter Barelli: A SEI deu origem a uma série de regulamentações na área de *hardware* e *software*. A nossa participação na SEI era como fazer essa incorporação com avanço social, evitando os custos sociais. Afinal, ia mudar o mercado de trabalho. Nós estávamos muito atualizados acerca do que iria acontecer com a indústria automobilística, com o que iria acontecer nos bancos... Essas coisas eram novidade. O movimento sindical não sabia negociar cláusulas tecnológicas. Eu me lembro hoje de uma coisa que eu acho que foi equivocada. Quando se começou a introduzir os Círculos de Controle de Qualidade – chamado CCQ –, o pessoal passou a dizer que esses círculos eram uma espécie de comissão de fábrica do patrão. E o sindicato impedia que o trabalhador participasse desse CCQ. Agora, qualidade é uma das necessidades da indústria moderna, dos processos, do comércio. Hoje, todo mundo fala em qualidade, mas na época, o CCQ foi boicotado. Para mim, o CCQ daria poder sobre o processo dentro da empresa. Eu me lembro de discutir bastante essa questão. Mas um gaiato lançou uma palavra de ordem que aquilo era a comissão de fábrica do patrão e a partir daí essa noção pegou.

Como na concepção sindical tudo o que venha do patrão não é bom, essa idéia de você penetrar na empresa com as negociações do CCQ não prosperou.

Capítulo XVI

LEIS DE FLEXIBILIZAÇÃO

Miguel de Almeida: Vamos falar de flexibilização.

Walter Barelli: Eu vou começar com encargos sociais. A minha proposta no Ministério era salário mínimo de 100 dólares. Consegui várias vezes esse aumento. Foi uma briga que eu tive no início do Real, com o Fernando Henrique. Eu queria fazer a conversão mas que o salário mínimo ficasse em 100 URV's. Foi uma briga de dois dias. O Ministério todo... o presidente... mas o Fernando Henrique acabou conseguindo o que ele queria. Eu o convenci no primeiro dia; no segundo, ele me veio com a bateria de dois técnicos para brigar comigo na reunião. A questão dos 100 dólares e do salário mínimo esbarra na questão da previdência. A partir daí, eu comecei a estudar a questão da previdência. Já no Ministério, a gente tinha feito um seminário para discutir a questão dos encargos sociais. E uma das idéias que surgiram era de que podia ser diferente. Sou contra aquela idéia de que nós nascemos dentro desse sistema, daí nós achamos que deve ser sempre dessa maneira. Você pode ousar e fazer diferente. A partir daquela época, eu comecei a falar que a gente podia reduzir ou eliminar os encargos sociais. Hoje eu digo que o Brasil precisa de novas leis para favorecer o emprego. Uma das idéias é, dentro de uma reforma tributária e previdenciária, o financiamento da previdência sair do imposto de valor adicionado. Hoje, não é empresa que paga a previdência, é o consumidor. Basta aumentar qualquer alíquota para se notar isso. Se a gente conseguisse dosar bem, isso que já está no preço do produto se transformaria num financiamento da previdência e não haveria maneira de ninguém escapar do financiamento da previdência, porque hoje quem paga para o financiamento da previdência é só quem registra seus trabalhadores. Só que mais da metade dos trabalhadores não são registrados.

Então você tem de pensar num outro sistema. A partir daí não vai mais haver carteira assinada ou carteira não assinada. Carteira assinada é uma invenção getulista que não existe nos outros países. Mas ela é base para você e a história da sua vida. Numa época de informatização, você não precisa disso. Agora, é importante demais a questão do financiamento da previdência e de onde virão os recursos. Para depois você poder ter uma velhice tranqüila.

Pedro Paulo M. Branco: Se você consegue equacionar o financiamento da previdência pelas reformas fiscal e tributária, você estará falando de uma previdência universal que garanta a qualquer cidadão nascido no país, que alcançar certa idade, fazer jus a uma remuneração vitalícia até o último dia de sua existência, limitada ao teto X. Ele não precisaria necessariamente subordinar o direito a essa renda, depois de uma certa idade, à história da vida laboral dele. Da mesma forma como você designa, hoje, 15% para a educação no ensino fundamental nos diferentes níveis – União, Estado e Municípios – você destinaria uma parcela da sua arrecadação para prover a todos os cidadãos do país uma aposentadoria quando ele atingisse certa idade. A segunda coisa é que isso se escreveria dentro dos direitos fundamentais e universais de qualquer cidadão nascido no país. Ou seja, você muda essa configuração. Você não associa esse direito à forma pela qual o cara passa pelo mercado de trabalho, mas ao fato de ele ser um cidadão. Com isso, a coisa muda. Assim como você tem hoje o Sistema Único de Saúde, o SUS, você teria uma previdência pública que seria extensiva a todos os cidadãos. Quem quisesse, além disso, ter um seguro, capaz de proporcionar uma renda vitalícia mais elevada, recorreria aos sistemas privados de previdência.

Walter Barelli: Num primeiro impacto, quem paga previdência hoje, as empresas, teriam uma desoneração de uns 28%. Por exemplo: na sua empresa você não pagaria mais encargos, você estaria pagando quando efetuasse suas compras. Com isso você teria um grande colchão para um reforma tributária bem melhor do que esta que se está pensando em fazer no país.

Sergio Mendonça: O interessante é que o ministro Barelli lançou isso em 1993 e eu estava lendo outro dia que essa discussão está forte na Europa atualmente no debate sobre a reforma da previdência européia.

Pedro Paulo M. Branco: É que isso está associado também à questão do aumento da esperança de vida. Você financia mais tempo a pessoa. Esse é um dos lados. O outro é que o emprego formal não é só financiamento de previdência. Ele também é garantia de uma série de direitos. Tem as férias, décimo terceiro e uma série de coisas.

Walter Barelli: Mas temos de resolver antes a questão da previdência. Com essa medida você aumentaria emprego, teria um colchão para aumentar salário...

Pedro Paulo M. Branco: Isso tudo tem uma premissa. O que menos estimula a contratação e mais desestimula a informalização é o financiamento da previdência. Se isso, de fato, é verdade, uma saída como essa deveria turbinar as formalizações.

Walter Barelli: O Simples tem levado à formalização. O Simples é a contribuição previdenciária aparentemente desse tipo que estou propondo. Em vez de você pagar os 35%, você paga 7%... Então a microempresa que pode entrar no Simples não tem mais problema de registrar trabalhador porque não é ela quem paga.

Miguel de Almeida: O governo no momento enviou um projeto ao Congresso onde fala em flexibilização trabalhista.

Walter Barelli: Esse eu acho que é um falso problema embora não dê para gente sair dele. Você tem o sistema mais flexível do mundo. Desde que se criou o fundo de garantia, ninguém tem garantia de nada. O ajuste não está no que o trabalhador recebe, e sim no emprego e no desemprego. O Brasil passou por várias crises de 1995 para cá – México, Rússia, Argentina, Ásia –, não era o salário brasileiro que estava em questão. As empresas continuaram. Há uma discussão ideológica por trás: tem de se flexibilizar porque vai dar mais emprego etc. Eu não acredito nisso. Essa mudança que vem agora é inócua.

Miguel de Almeida: Inócua em qual sentido?

Walter Barelli: Entrou descanso semanal remunerado em alguma negociação? Entrou fracionamento de férias? O fundamental mesmo é isso que nós estamos dizendo. Nós temos relações trabalhistas já flexibilizadas. E isso aconteceu quando acabou a estabilidade e nessa crise você resolveu com o chamado não registro. Na crise mais recente, você não formaliza o trabalhador. Quando você tem um sindicato forte, não significa que você não vai flexibilizar também. O acordo da Volkswagen e o acordo da Ford, com os sindicatos aparentemente mais organizados, resultaram em flexibilização consentida. Com uma negociação bem feita. É bom se observar bastante o que temos de fato. Por exemplo: é um grande equívoco imaginar que as empresas mais flexíveis, ou seja, as que não registram seus trabalhadores, são as mais produtivas, rentáveis, nada disso. É uma discussão que veio via Europa, via Espanha, via Argentina, via Chile, mas que não contemplam reformas que foram feitas pelo Roberto Campos, quando ele imaginou o fundo de garantia versus estabilidade. Isso deu uma grande expansão do capitalismo no Brasil, o chamado milagre brasileiro.

Pedro Paulo M. Branco: Transformou o emprego numa variável flexível em si.

Walter Barelli: E essa flexibilidade já existe entre nós.

Parte II

Um banco de verdade para o povo

Em julho de 1996 recebi do governador Mário Covas a missão de conhecer a experiência cearense de crédito popular. Era a senha para criar o Banco do Povo paulista. O quadro pré-falimentar do Estado impediu a implantação imediata do projeto. Em julho de 1998 foi regulamentada a lei que criou o Fundo de Crédito Produtivo Popular e em setembro do mesmo ano foi implantado o primeiro Banco do Povo, na cidade de Presidente Prudente. A seguir vieram Registro, Porto Ferreira e Jacareí.

No início do segundo mandato, o programa passou a ser prioridade do governo Mário Covas na área de emprego e renda, e iniciou-se sua expansão pelo Estado. Hoje já são 29 cidades que contam com a experiência vitoriosa do Banco do Povo, sendo que em onze delas o programa foi implantado no último mês de dezembro.*

*Em maio de 2002, 160 cidades paulistas contavam com o Banco do Povo. (N.E.)

As linhas de financiamento para a população de baixa renda sempre ficaram basicamente restritas ao crediário. É permitido ao pobre consumir, desde que comprove renda. Para quem não tem carteira assinada ou conta em banco não há acesso ao crediário, e muito menos ao crédito bancário, caso essa pessoa, em vez de comprar uma TV nova, decida comprar um pequeno compressor de ar para abrir uma borracharia no quintal de sua casa.

É aí que entra o Banco do Povo. Ele garante linhas de crédito de R$ 200,00 a R$ 5.000,00, a juro baixo (1% ao mês), para quem quer produzi, mas não possui sequer conta em banco e muito menos comprovação de renda. E a quem se destina esse crédito? Normalmente a pessoas com alguma experiência profissional, com capacidade empreendedora e que estão fora do mercado formal de trabalho. É o desempregado que virou pedreiro e precisa comprar algumas ferramentas, ou a dona de casa que faz comida para fora e precisa de um fogão industrial. Enfim, dinheiro para quem tem plenas condições de desenvolver uma atividade produtiva e precisa apenas de pequeno investimento.

O Banco do Povo é o banco da confiança, diria até do "fio de bigode", não fosse o fato de a maioria dos empréstimos ser realizado por mulheres, e essa foi uma grata surpresa. É o banco do olho no olho, do agente de crédito que visita o empreendimento para constatar a capacidade empreendedora do trabalhador e discutir a melhor forma de pagamento e de aval. Não é aquele banco frio em que um burocrata decide entre quatro paredes, pela crueza dos números, quem pode e quem não pode receber um empréstimo.

Em pouco mais de um ano, o Banco do Povo já liberou

mais de 3 milhões de reais em empréstimos, beneficiando cerca de 5 mil microempresários e trabalhadores autônomos ou informais.

A velocidade dos empréstimos tem crescido de forma acelerada. Para emprestarmos o primeiro milhão de reais, foram necessários quase oito meses. O segundo milhão foi emprestado em pouco mais de quatro meses e o terceiro milhão, em menos de 60 dias. A partir de janeiro, o Banco do Povo com certeza estará liberando cerca de R$ 1 milhão por mês em empréstimos. A meta para este ano é expandir o programa para pelo menos cem cidades em todo o Estado.

A implantação do Banco do Povo está acontecendo gradativamente e com segurança. Essa segurança tem como resultado a baixa inadimplência (1,5% atualmente), ou seja, o Banco do Povo é um programa de apoio ao pequeno empreendedor e não um projeto assistencialista, preservando assim a integridade dos recursos públicos para a aplicação do setor social.

Um país que necessita crescer e desenvolver o mercado interno precisa incentivar o empreendedorismo. A mudança é lenta, mas virá. E não será surpresa se num futuro não muito distante os jornais abrirem espaços para contar histórias de pessoas que saíram da linha da pobreza e se tornaram empresários bem-sucedidos graças ao Fundo de Crédito Produtivo Popular, o verdadeiro banco do nosso povo.

Publicado na Folha de S.Paulo em janeiro de 2000.

SOBRE UM SISTEMA PÚBLICO DE EMPREGO

Uma das questões mais polêmicas, hoje, dentro da nova ordem econômica, é o papel do Estado e o papel da iniciativa privada na gestão da sociedade. Os defensores da participação hegemônica do Estado argumentam de forma tão ardorosa quanto os que defendem a atuação exclusiva da iniciativa privada. No entanto, acredito que não existam apenas essas duas opções fechadas.

Existe também o que chamamos de público. Público e estatal não são termos que se equivalem. Estatal é o que é dirigido e controlado pelo governo. A gestão social pública não mantém a limitação dos interesses particulares envolvidos, sejam empresariais, sejam corporativos. O que prevalece é a necessidade da sociedade organizada.

É o que estamos construindo, no mundo do trabalho. O sistema público de emprego não é estatal nem privado. Não é estatal porque não é comandado pelo governo, nem é privado, pois não são esses interesses que regem o sistema. O sistema público de emprego é formulado tanto pelo governo como pela iniciativa privada, mas não está sob o comando nem de um nem de outro. De que forma então – surge a dúvida – são formuladas as diretrizes da política de emprego?

O sistema público de emprego é gerido de forma tripartite. Há representantes do governo, dos empresários e dos trabalhadores. São três bancadas autônomas e nenhuma delas pode impor sua posição sem que, pelo menos, parte dos demais parceiros esteja de acordo. A negociação deve permear o tempo todo a discussão para que sejam aceitas as decisões coletivas.

Os fóruns dessas discussões são a Comissão Estadual de Emprego e as Comissões Municipais. As propostas governamentais são submetidas à Comissão Estadual de Emprego e por ela devem ser aprovadas. As Comissões Municipais, que estão se multiplicando por todo o estado, também são tripartites e paritárias e, como a estadual, são responsáveis pelo sistema público de emprego na esfera do município. Definem as prioridades locais, fornecendo as diretrizes da política trabalhista na região. É papel das comissões, por exemplo, decidir quais cursos de formação profissional devem ser realizados, quais projetos de criação de emprego e renda devem ser encaminhados a financiamento bancário. Logo mais serão também responsáveis por analisar créditos que deverão ser concedidos pelo Banco do Povo.

Essa novidade já existe há muito tempo no Brasil como proposta da Organização Internacional do Trabalho (OIT), mas nunca tinha adquirido corpo e força como agora. As comissões tripartites permitem que as decisões sejam tomadas, ouvidos os interessados. A regra é buscar o consenso. Aliás, poucas vezes tenho visto as comissões de emprego tomando decisões por votação. Tem sido muito positivo ver patrões e trabalhadores discutindo suas posições sem radicalizar, pois estão todos conscientes de que ninguém é dono da verdade. Também o governo se despe do autoritarismo e deve submeter suas propostas aos demais parceiros.

Considero essa experiência uma forma de irmos aprimorando a forma de governar. O poder governamental desce de seu pedestal e tem de levar seu programa à aprovação da Comissão Estadual de Emprego. Os empresários também deixam de lado posições exclusivistas. Por sua vez, os trabalhadores ganham o direito de expressar suas opiniões. Dessa maneira, constrói-se um sistema que faz prevalecer o interesse social e coletivo, acima de um setor específico. É o sistema público de emprego de que falamos.

Publicado no Estado de São Paulo em abril de 1997.

Qualificação Profissional Plantando o Futuro

Em dois anos, 500 mil trabalhadores no Estado passaram por algum tipo de curso profissionalizante

O secretário do Trabalho do governo Clinton, Robert Reich foi responsável por chamar a atenção para as transformações que antecedem o próximo século. "Não haverá produtos ou tecnologias nacionais, nem corporações nacionais, nem tampouco indústrias nacionais... O que continuará... serão apenas as pessoas que constituem a população do país. O patrimônio fundamental de um país serão as aptidões e os conhecimentos de seus cidadãos." Com esses pensamentos de seu secretário do Trabalho, o governo Clinton empolgou empresas, intelectuais e sindicatos americanos.

Antes de sua posse, questões que preocupavam eram, entre outras, queda da taxa de lucro das corporações e incapacidade de criar empregos. Investindo nas "aptidões e conhecimentos de seus cidadãos", o primeiro governo Clinton preparou um processo de retomada de crescimento que chama a atenção do mundo, principalmente por seus resultados em termos de emprego.

O governo Mário Covas está plantando um futuro semelhante. Ainda é pouco conhecido o esforço feito em termos de qualificação e requalificação profissional. Mas os números são expressivos. Em cerca de dois anos, aproximadamente 500 mil trabalhadores, a maioria desempregada, passaram por algum tipo de curso profissionalizante. Também está montada uma rede de novos agentes de formação profissional. Ao lado do Centro Paula Souza (estadual), Senai e Senac, quase cem entidades passaram a constituir um grande conjunto de unidades abertas para a formação de trabalhadores. São centrais sindicais, sindicatos patronais e de trabalhadores, igrejas e outras organizações não governamentais. A rede já ministra cursos em 339 municípios, e a fila de interessados em participar desse esforço aumenta a cada dia. Se quisermos alcançar a meta de qualificar todos os desempregados, encontraremos parceiros interessados nessa cruzada, em todo o Estado. É impressionante ver como sindicatos de trabalhadores abraçaram essa causa e hoje transformam educação profissional em objetivo relevante da ação sindical. Também organizações populares do movimento negro, de mulheres, jovens, idosos, movimentos de sem-casa ou de sem-terra se completam organizando cursos para representados.

Os cursos feitos em parceria com a Secretaria do Emprego e Relações de Trabalho são avaliados por nove universidades paulistas, reunidas na Fundação Unitrabalho (as três universidades estaduais, as duas federais, as duas católicas, a metodista e a de Mogi das Cruzes). Os relatórios mostram a satisfação dos alunos e professores e começa haver troca de informações entre participantes dessa rede.

Partindo da moderna concepção que considera na formação profissional as três habilidades – básicas, específicas e de gestão – todos os cursos contemplam, desde discussão dos direitos da cidadania (habilidade básica) até noções de gerência pessoal ou do trabalho (habilidades de gestão), não se restringindo a mero adestramento nesta ou naquela técnica.

Na área de gestão, o Programa de Auto-Emprego (PAE), além de profissionalizar, está multiplicando empresas populares, de caráter cooperativo, principalmente entre a população de menor escolaridade e com idade discriminada pelo mercado de trabalho (mais de quarenta anos).

Partindo de idéias semelhantes às do secretário do Trabalho do primeiro governo Clinton, o estado de São Paulo prepara o futuro, investindo nas aptidões e conhecimentos de sua população. Não entrou na guerra fiscal que é um jogo de soma negativa. Ao contrário, continuamos investindo em uma de nossas diferenciações positivas para atrair e aumentar capitais: trabalhadores qualificados e aptos a participar de qualquer processo de crescimento. Sonhamos que, como no segundo governo Clinton, a falta de emprego para quem queira trabalhar e de oportunidade para quem queira produzir deixe de ser problema agudo, e que o mesmo se repita em nosso Estado, graças à ação de governo sério, criativo e competente.

Publicado no Estado de São Paulo em maio de 1998.

HABILIDADE VERSUS DIPLOMA

Nunca as companhias estiveram tão interessadas quanto hoje em dia em conhecer e explorar ao máximo a gama de talentos e habilidades de cada um de seus funcionários. Nem o trabalhador jamais presenciou debate tão acalorado sobre a necessidade (básica) de desempenhar funções e profissões com as quais realmente se identifica e que por isso mesmo lhe proporcionam satisfação e alegria.

Como quase tudo o que é óbvio, no entanto, a humanidade levou séculos para perceber que, para além da mera formação escolar, pessoas são feitas de experiência de vida e carregam vasta bagagem de potenciais e habilidades, inatas ou adquiridas durante a trajetória. Felizmente, estamos vivendo este tempo de despertar, que, em várias partes do mundo, começa a se consolidar em novas e proveitosas atitudes.

O preâmbulo refere-se ao fato de em vários países, como México, Canadá, Inglaterra e Austrália, o recrutamento de pessoal estar sofrendo uma reviravolta, que no Brasil começa a minar velhas formas de contratação. Estou falando das novas formas de certificar competências profissionais e, especialmente, da técnica do portfolio, que leva o trabalhador a redescobrir e registrar as habilidades que desenvolveu durante a vida, produzindo um novo formato de currículo: vivo, documentado, completo.

O país já reconhece a necessidade de mudar a forma de certificar competências, incluindo experiências comprovadas não apenas por diplomas formais, por meio da lei 9394/96, de diretrizes da educação. Mas ainda não oferece caminhos para que se pratique o novo conceito.

O mercado, no entanto, se adianta, pelas mãos de setores atingidos pelo aumento da concorrência globalizada e pela necessidade de, por isso mesmo, se adequarem às exigências das normas internacionais de qualidade. Além do petrolífero e do siderúrgico – que certificam profissionais com base na qualidade do trabalho –, bom exemplo é o do turismo, que mapeou as competências necessárias ao complexo e desenvolveu um sistema de certificação que abrange o conhecimento prático dos trabalhadores. No setor público, o Estado de São Paulo lidera o processo – longe de meros intermediadores de mão-de-obra, alguns dos programas da Secretaria de Emprego e Relações do Trabalho (Sert), ao aplicarem o conceito de portfolio, ajudam a pavimentar um novo caminho para a qualificação profissional no país. No Estado, o programa Aprendendo a Aprender detecta tendências no mercado de trabalho, desenvolve tecnologias de treinamento de pessoal a elas relacionadas e articula ações concretas com entidades empresariais e de trabalhadores. Um exemplo dessas ações está na cidade de Tupã, região Oeste do Estado. Orgulhosa por ser uma espécie de capital da reportagem fotográfica, Tupã nos últimos anos começou a sentir na escassez de profissionais uma ameaça à sua boa participação no mercado nacional. Em 1999, a Sert articulou no município a vocação, os conhecimentos difundidos entre os trabalhadores da cidade, os recursos das empresas de fotografia e os seus próprios. Formou dezenas de repórteres fotográficos, que, ao final do treinamento, estavam quase todos empregados (a técnica do portfolio foi aplicada durante o curso avançado, em 2000). A cidade passou a incluir entre seus fotógrafos as mulheres – antes discriminadas no meio –, pois o programa aborda questões como a igualdade de oportunidades para os dois gêneros. Outro exemplo está se concretizando na mesma cidade, no turismo. A prefeitura se dispôs a desenvolver ali o ecoturismo. Embora sobrem atrativos naturais e pessoas que conhecem as localidades e sua história, falta a Tupã mão-de-obra qualificada para o ecoturismo. A Sert então iniciou a formação de guias, identificando pessoas com bons conhecimentos da cidade. É um trabalho sem fim. Afinal, para ser turístico, um município precisa de outros atrativos – como um bom paisagismo e vitrines impecáveis –, o que gera demandas profissionais, que por sua vez passam a ser viabilizadas, acelerando o motor do desenvolvimento local. Além de Tupã, há centros públicos do programa Aprendendo a Aprender em São Paulo e em Jaguariúna, região metropolitana de Campinas. Para os mais críticos, uma abrangência estreita, em relação ao tamanho geográfico e às dificuldades econômicas da população do Estado. Para os mais ponderados, o começo de uma experiência empolgante que em breve poderá dar o tom da política nacional de formação e certificação de mão-de-obra.

Reforma Tributária e Previdência

Os sindicatos poderiam se associar na criação dos fundos e contratar empresas privadas que passariam a geri-los.

Não é segredo para ninguém que a reforma da Previdência Social aprovada na Câmara, apesar de todo o desgaste causado ao governo, não representa a solução para o problema previdenciário do país.

Tivemos avanços, sim; isso é inegável. Porém, o sistema previdenciário hoje vigente é carregado de vícios que acabam por beneficiar uma pequeníssima minoria de privilegiados, em detrimento da imensa maioria, que recebe benefícios aviltantes – para dizer pouco.

Mas precisamos avançar mais se queremos ter um sistema previdenciário justo, com regras claras e de longo prazo. E esse avanço ultrapassa os limites da reforma da Previdência e invade o território da reforma tributária.

Nesta estão as soluções para os inúmeros problemas que hoje assolam as contas do Ministério da Previdência Social. É a reforma tributária que pode solucionar o déficit do INSS (Instituto Nacional do Seguro Social), desonerar a folha de pagamento das empresas e ajudar a criar empregos formais, incluir o mercado informal como contribuinte do sistema previdenciário e ainda garantir uma parcela do mercado para os planos de previdência privada.

Hoje, toda a contribuição da Previdência é baseada na folha de pagamento. Isso aumenta principalmente o custo do emprego formal e faz crescer o mercado informal, que não contribui. Com a reforma tributária, seria possível discutir que parte do IVA (Imposto sobre Valor Agregado, que deve substituir o ICMS e outros impostos) seria utilizada para o financiamento da Previdência.

Com isso, o grosso da arrecadação do INSS incidiria sobre o consumo, e não mais sobre a folha de pagamento. Todo consumidor passaria a contribuir com a Previdência de forma indireta.

A folha de pagamento seria desonerada do custo do INSS, que hoje com os demais encargos representa cerca de 35% sobre os salários. Essa considerável redução tornaria o emprego formal mais barato e, portanto, incentivaria novas contratações.

Destaco, entretanto, que a tributação deve ser muito bem calibrada, para evitar aumento excessivo nos custos dos produtos e serviços. Essa concepção de financiamento da Previdência não exclui a participação dos trabalhadores, que continuariam a ter em seus contracheques o desconto do INSS ou, no caso dos autônomos, a contribuição via carnê.

O financiamento da Previdência pelo IVA contempla, ainda, planos complementares, que poderiam ser administrados pelos sindicatos ou centrais sindicais em um sistema semelhante aos fundos de pensão.

Os sindicatos poderiam se associar na criação dos fundos e contratar empresas privadas para geri-los. Seria uma opção a mais para o trabalhador que quisesse complementar sua aposentadoria.

Essas propostas sugiram em conversas com empresários e trabalhadores ainda no tempo em que eu estava à frente do Ministério do Trabalho, no governo Itamar Franco.

Não se pretende aqui apresentar um artigo conclusivo, mas sim um convite à reflexão, para que o país não seja obrigado a mudar a cada cinco anos as regras da Previdência. Assim como aprendemos a estabilizar a nossa moeda, precisamos agora aprender a estabilizar as nossas instituições.

Publicado na Folha de S.Paulo em fevereiro de1998.

O SONHO E AS ESTATÍSTICAS

Um de meus sonhos mais caros começa finalmente a se concretizar. Trata-se da extensão, para além das regiões metropolitanas, da PEA (Pesquisa de Emprego e Desemprego), cujo projeto me orgulho de ter ajudado a implementar cerca de vinte anos atrás, quando dirigia o Dieese, que então iniciou esse estudo em parceria com a Fundação Sistema Estadual de Análise de Dados (Seade). A iniciativa, na época, veio da percepção da importância fundamental, para qualquer sociedade, de conhecer as oscilações nos níveis de emprego/desemprego, índices que refletem com boa dose de precisão as reais condições de vida de toda uma população.

Em novembro, vamos conhecer se o emprego e desemprego numa cidade do interior é diferente do da região metropolitana de São Paulo. A cidade escolhida para o projeto-piloto é Santa Cruz do Rio Pardo. Esse será, no país, o primeiro levantamento do gênero, e que será realizado pela Secretaria de

Emprego e Relações do Trabalho do Estado de São Paulo (Sert), por meio da Fundação Seade e em parceria com a prefeitura local. O emprego e desemprego nesse pequeno município, com pouco mais de 40 mil habitantes e localizado a oeste do Estado, a exemplo do que ocorre com outras cidades do interior, sofre a influência dos ciclos agrícolas e, acredito, é diferente do verificado nos grandes centros urbanos.

Por que seria tão importante avaliar o quadro de emprego e desemprego nas cidades menores? Será que o índice apurado nas áreas metropolitanas não reflete a situação geral, já que são essas as mais populosas e economicamente expressivas?

Basta desdobrar os dados da pesquisa PED da região metropolitana de São Paulo para perceber por que não são representativos da realidade do Estado. No mês de agosto, por exemplo, o desemprego nessa região foi de 17,7% da População Economicamente Ativa (PEA), segundo a Fundação Seade/Dieese. Mas, tomada separadamente, a cidade de São Paulo registra índice significativamente menor, de 15,9%, enquanto o conjunto dos demais municípios contabiliza 20,2%. A taxa de desemprego oculto – por trabalho precário ou desalento – também varia: é de 6,4% na região metropolitana, 5,7% na cidade de São Paulo e 7,5% nos demais municípios. Ou seja: o perfil do desemprego difere, mesmo entre cidades de uma mesma área, teoricamente uniforme. Imagine o quanto ele pode variar entre as diversas regiões do Estado e do Brasil! Um exemplo interessante dessas diferenças é a Bélgica, que há muitos anos pesquisa emprego e desemprego em 56 de suas cidades, número excepcional para um país com pouco mais de 10 milhões de habitantes, bem menos que um terço da população do Estado de São Paulo. Em uma visita de estudos a esse país, constatei que existe um índice nacional de desemprego, obtido por meio da média ponderada dos verificados nas diversas regiões.

Conhecer as várias realidades regionais – que no caso do Estado de São Paulo devem ser contrastantes, mas possivelmente menos diferentes entre si do que o são os múltiplos cenários nacionais – é uma premissa básica para a definição mais competente de políticas públicas eficazes para a economia. É ter subsídios para criar/implementar programas de combate ao desemprego mais adequados para cada região. Embora todos nós saibamos que a solução para o problema do desemprego ultrapassa os limites estaduais e até nacionais neste mundo globalizado, também entendemos que as dificuldades da população podem ser amenizadas por meio de políticas públicas mais eficientes, amparadas em estatísticas que contemplem todo o cenário. Espero que, a partir de Santa Cruz do Rio Pardo, possamos avançar, rapidamente, para a construção de um índice estadual de emprego e desemprego, que balize a adoção de políticas e ações mais adequadas para cada região. Mais bem embasados, Estado e sociedade terão condições de buscar mais qualidade de vida para a população paulista.

Publicado na Folha de S.Paulo em outubro de 2001.

O ESPAÇO FEMININO

A mulher brasileira está conquistando a cada dia mais espaço no mercado de trabalho, mas, apesar disso, ainda está longe de equiparar-se ao homem nesse campo – 38% delas atuam na base da pirâmide, onde se situam as funções mais precárias e mal remuneradas. Essa realidade foi reforçada durante o II Seminário Internacional "Gênero no Mundo do Trabalho", realizado em outubro num esforço conjunto entre o governo do Estado, o Conselho Estadual da Condição Feminina, o Consulado Geral dos Estados Unidos e entidades canadenses. Mas nesse fórum também emergiram informações valiosas, que permitem desenhar um perfil mais detalhado da situação trabalhadora brasileira e vislumbrar suas perspectivas, a partir das tendências observadas nos países desenvolvidos.

Em 2000, a taxa de participação feminina no mercado de trabalho na região metrolitana de São Paulo era de 52,7%. Atualmente, as mulheres chefiam 25% dos lares. Mas estão entre as maiores vítimas do desemprego: 21,7% para 17,3% dos homens. Isso é perturbador, quando se sabe que no Brasil as mulheres atualmente são mais escolarizadas que os homens, e ocupam, inclusive, a maioria dos bancos escolares de níveis elevados – em 1998, elas eram 56% dos estudantes de segundo e terceiro graus.

Não é preciso aprofundar o raciocínio para concluir que a discriminação está minando a evolução feminina no mercado de trabalho brasileiro. Isso fica ainda mais evidente se observarmos os dados do atendimento dos programas criados ou gerenciados pela Secretaria do Emprego e Relações do Trabalho do Estado de São Paulo, que tem seu principal alvo na população excluída. As mulheres representam 54% dos 220 mil trabalhadores capacitados, em 1999, nos cursos de qualificação e requalificação profissional em São Paulo, 70% dos 50 mil trabalhadores selecionados para as Frentes de Trabalho até agora e 68% dos atendidos no Programa de Auto-Emprego (PAE).

As companhias resistem a falar da participação feminina em seus quadros. Das 34 empresas que publicam o Balanço Social no Brasil segundo o modelo do Instituto Brasileiro de Análises Sociais e Econômicas (Ibase), apenas oito se dispuseram a preencher, em 2000, o campo "número de mulheres", que não apresenta dificuldades. Dos funcionários dessas empresas, apenas 36% são do sexo feminino e, em seis delas, somente 5% dos cargos de chefia são ocupados por mulheres. Tudo isso explica por que, afinal, em todo o país, os rendimentos femininos não ultrapassam 70% dos auferidos pelos homens. Essa situação reforça a evidência da discriminação contra a trabalhadora no Brasil.

No entanto, a mulher é discriminada também nos países desenvolvidos. No Canadá, por exemplo, onde elas representam 46% da mão-de-obra ativa, embora sejam mais bem-remuneradas em 25% das famílias, as mulheres continuam recebendo menos do que os homens, segundo o Canadian Labour and Business Center. E, elas gastam, por semana, duas vezes mais tempo do que os homens no trabalho doméstico não remunerado.

Se a discriminação não tem lógica, pois ampara-se no preconceito, a lógica pode estar minando o preconceito no mundo capitalista. No caso das mulheres, isso é notável nas ações das grandes corporações desde a década passada. Num momento em que a mão-de-obra qualificada escasseia no mundo, principalmente nos países desenvolvidos, olhar só para o segmento masculino na hora de contratar é reduzir à metade as possibilidades de preenchimento de vagas. Foi nesse contexto que as empresas canadenses e, de modo geral, as grandes companhias internacionais passaram a criar programas para estimular a participação plena das mulheres, o desenvolvimento de lideranças entre elas, ambientes e horários de trabalho flexíveis e até a tolerância zero ao assédio sexual, tudo para atrair e reter a mão-de-obra feminina, ou a outra metade da força de trabalho.

Essas práticas estão sendo aos poucos absorvidas pelas empresas nacionais, inspiradas nas experiências, especialmente, das companhias estrangeiras presentes no Brasil. Em que pesem as dificuldades econômicas dos países em desenvolvimento, que refletem mais negativamente nos segmentos mais penalizados dos trabalhadores (jovens, idosos e mulheres), acho possível afirmar que, embora o caminho pela frente ainda seja longo e árduo, a igualdade de oportunidades no mercado de trabalho para mulheres e homens parece ser inevitável. Se não pela consciência de que é preciso fazer justiça, ao menos pelas próprias necessidades das empresas nesse mundo globalizado e a cada dia mais competitivo.

O autor Walter Barelli está disponível para palestras e debates sobre o tema deste livro.

Agendamento e contatos:

LAZULI EDITORA
F (55 11) 3819 6077
comercial@cialazuli.com.br